청소년을 위한 불교 공부

청소년을 위한
불교 공부

초판 1쇄 2025년 5월 30일
지은이 노채숙 | **편집기획** 북지육림 | **디자인** 박진범 | **종이** 다올페이퍼
제작 명지북프린팅 | **펴낸곳** 지노 | **펴낸이** 도진호, 조소진 | **출판신고** 2018년 4월 4일
주소 경기도 고양시 일산서구 강선로49, 916호
전화 070-4156-7770 | **팩스** 031-629-6577 | **이메일** jinopress@gmail.com

ISBN 979-11-93878-21-7 (43220)

청소년을 위한

불교 공부

마음을 알고 세상을 이해하는 지혜 여행

교양으로 읽는 불교 이야기

JINOPRESS

글을 시작하며

종교는 인간의 역사와 늘 함께했어요. 지구상에 인류가 출현하면서 종교가 시작되었다고 할 수 있지요. 선사시대부터 인간은 주변 동물로부터 항상 생명의 위협을 느꼈고, 거대한 자연의 힘을 거스를 수 없었거든요. 매일 두려움과 불안 속에서 살아야 했기 때문에 힘이 센 자에게 의지해 공포와 근심을 덜어내고자 했지요.

그래서 불이나 태양을 숭배하기도 했고, 특정 동물을 숭배하기도 했고, 모든 곳에 신이 있다고 믿기도 했어요. 혹은 이 세상을 창조하고 지배하는 절대적 신이 있다고 믿으며 의지하기도 했어요. 이처럼 다양한 종교가 있던 중 기원전 6세기경에 고타마 싯다르타라는 왕자가 출가하였어요. 그는 수행으로 깨달음을 얻고 부처님이 되었지요. 그렇게 불교가 시작되었어요.

부처님은 여러 제자를 길러내고, 가르침을 널리 전하다가 80세에 돌아가셨어요. 그로부터 시간이 흘러 불교는 북방경로를 따라 중앙아시아를 거쳐 중국으로, 다시 한국으로, 일본으로 전해졌고, 남방경로를 따라 동남 아시아로 전해졌어요. 여러 지역으로 전파된 불교는 각 나라의 전통 종교와 합해지며 저마다의 특색을 갖추게 되었지요.

인도에서는 이제 불교가 쇠퇴했지만, 한국을 비롯한 아시아권에서는 여전히 건재해 오늘날 전 세계 불교 신도는 5억 명 정도라고 해요. 서구권에서는 17세기부터 불교에 학문적 관심을 보였고, 최근에는 다양한 불교 수행법을 연구하고 응용해 한국으로 역수출하기도 합니다.

이렇게 오랜 시간 동안 인간의 역사와 함께 성장한 불교가 사라지지 않고 여전히 신앙되는 이유는 모든 종교가 그러하듯, 불교 역시 간절한 소망이나 괴로움에 도움이 되기 때문이에요. 다만 다른 종교와 달리 특정 신에게 의지하는 믿음이 아니에요. 우주를 움직이는 진리를 깨달아 자신의 문제를 해결하고, 나아가 모두에게 이롭고 행복한 세상을 함께 만들어나가자는 믿음이에요.

한국 불교는 오랜 시간 한반도의 역사와 함께한 종교입니다. 우리가 생각하는 것 이상으로 불교는 한국인의 정신, 신념, 가치관, 정서에 많은 영향을 미쳤지요. 그래서 불교를 아는 것은 곧 한국의 역사를 아는 것과 같아요. 불교를 공부하면 저절로 역사 공부가 되고, 자신의 문제를 해결하는 데에도 도움이 돼요.

하지만 불교를 제대로 알 기회는 많지 않았을 거예요. 불교가 다른 종교와 어떻게 다를까? 불교는 무엇을 믿는 종교일까? 무엇을 깨달으라는 것이며, 왜 수행하라고 할까? 여러분은 혹시 이런 것들이 궁금하지 않았나요? 그래서 불교에 대해 궁금할 만한 것들을 추려서 질문하고 답하는 형식으로 이 책을 만들었어요.

대화의 주인공은 '다인'이라는 손녀이고, 답하는 사람은 다인의 할머니예요. 중학교에 막 입학한 다인이 불교에 대한 과제로 고민하다가 할머니에게 도움을 받는 상황이에요. 다인이가 여러분을 대신하여 많은 것을 질문할 거예요. 여러분이 불교에 대해 궁금한 점들이 두 사람의 대화를 통해 해소되기를 바라요. 그럼 이제부터 불교에 대해 하나씩 알아볼게요.

차례

3부 부처님이 돌아가신 후 불교는 어떻게 되었어요?

4부 불교에서 중요한 가르침은 무엇이에요?

5부 수행을 왜 해요?

1부

불교는 어떤 종교예요?

01

불교라는 말은 무슨 뜻이에요?

할머니 다인아, 중학교 입학 정말 축하해, 어느새 중학생이 되었구나.

다 인 땡큐 할머니! 근데 지금 축하받을 상황이 아니야. 그저께 도덕 시간에 이번 학기 과제물을 내주었는데, 각자 관심 있는 종교 하나를 선택하래. 같은 종교를 선택한 친구들과 팀이 되어서 세미나도 하고 조사해서 학기 말에 발표하라는 거야. 게다가 내가 팀장으로 뽑혔어. 지금 이만저만 걱정되는 게 아니야. 입학하자마자 웬 날벼락인지 모르겠어.

할머니 하하하, 그래? 다인이가 리더십이 있어 보였나 보다. 너는 어떤 종교를 선택했어?

다 인 모르면 물어볼 사람이 있어야 하니까, 불교를 선택했지. 그래서 할머니가 좀 도와주면 좋겠어.

할머니 그랬구나. 내가 어떻게 도와주면 좋을까?

다 인 내가 먼저 불교에 대해 궁금한 것들을 정리할 테니, 할머니가 하나씩 설명해주면 좋겠어. 그리고 참고할 만한 책도 소개해줘.

할머니 그래, 알겠어. 할머니가 도와줄게.

다 인 일단 어제 팀원이 구성되어서 1차 미팅을 했거든. 우선 리포트 목차를 만든 다음에, 조사할 항목을 분담해서 팀원들이 각자 자료를 읽고 정리해오고, 매주 한 번 토론하기로 했어. 그래야 나중에 모아서 PPT를 만들어 발표할 수 있어. 그런데 불교에 대한 기초 상식이 있어야 리포트 목차를 만들 수 있겠더라고. 할머니 도움이 절실해.

할머니 역시 다인이답다. 일의 순서를 잘 정했네. 네 생각대로 하면 좋겠네. 불교에 대해 알고 싶은 것이 뭐야?

다 인 내가 어제 잠도 제대로 못 자고 정리해봤어. 오늘 듣고 싶은 내용은 불교가 무슨 뜻인지, 다른 종교와 어떻게 다른지, 특징이 무엇인지 간략하게 설명해주면 좋겠어.

할머니 그래, 알겠어. 그런데 질문 안에 우선 알아야 할 단어들이 마구 나오네. 먼저 '종교'라는 말이 언제 어떻게 만들어진 단어인지 설명할게.

한자로는 宗敎라고 쓰고, 영어로는 religion이라고 하잖아? 그런데 religion은 라틴어 religare에서 온 말이야. 본래 의미는 부지런하다, 성실하다는 뜻이었는데, 나중에 기독교가 들어오면서 신학자들이 '신을 따르다, 인간이 신에게 묶이다, 인간과 신이 재결합하다'는 의미로 해석했어. 그러니까 religion은 기독교에 해당되는 단어였던 거지.

다 인 그러면 언제부터 religion을 '종교'라고 번역한 거야?

할머니 1881년 메이지시대에 서구 문물과 함께 일본으로 들어왔어. 그때 일본 학자가 religion을 불교 용어였던 '종교'로 번역하면서 사용하기 시작했지.

다 인 '종교'가 원래 불교 용어였다고? 원래 무슨 뜻이었는데?

할머니 '종교'는 불교 경전에 나오는 '싯단따 데샤나'라는 말을 한문으로 번역한 거야. '종'이란 진리를 의미하고, '교'는 가르침을 뜻해. 그래서 '종교'는 '부처님이 깨달으신 진리'를 뜻하는 말이었어.

다 인 와, 오늘 처음 알았어. 'religion'과 '종교' 두 단어의 의미가 서로 같지 않았다니.

할머니 그렇지. '종교'는 '부처님의 가르침'을 뜻하고, 'religion'은 '신과 인간의 재결합'이라는 뜻으로 기독교 신앙을 나타내니 의미가 서로 완전히 달랐지. 그래서 'religion'을 '종교'라고 하면 정확한 번역이 아닐 수 있어. 사실 어떤 철학이나 사상이 다른 나라로 전파될 때, 그에 대한 단어를 번역하기는 정말 어려워.

다 인 '종교'와 'religion'이 서로 의미가 달라서 혼동이 생겼겠는데?

할머니 응, 불교는 신을 따르지 않으니까 religion이 아니고, 기독교는 부처님의 가르침을 따르지 않으니까 종교가 아니게 되지. 어원을 따지면 그렇지. 하지만 세월이 오래 지나다 보니 본래 의미들은 사라졌어. 지금은 굳이 따지지 않고 '종교'를 'religion'으로 번역하지.

다 인 그럼 '불교'는 정확히 무슨 뜻이야?

할머니 불교는 '부처님이 전하신 가르침'을 뜻해. 영어로는 '부디즘(Buddhism)'이라고 해. '고타마 싯다르타'라는 인도의 왕자가 인간으로 태어났으나, 출가해 몸소 체험하여 깨달은 진리를 뜻해. '고타마 싯다르타'가 깨달은 우주의 근본 진리를 믿고 수행하면 누구라도 완전한 깨달음에 이른다, 즉 그분처럼 부처님이 된다는 가르침이야.

다 인 고타마 싯다르타? 처음 듣는데?

할머니 고타마(Gautama)는 '우수하고 뛰어난 소'를 의미하고, 싯다르타(Siddhārtha)는 '다 이룬 사람, 목적을 달성한 사람'이라는 뜻이야. 어린 시절 부처님의 이름이지.

02

부처님은 신이 아니라고요?

다 인 진짜 놀랍다. 고타마 싯다르타가 신이 아니었던 거야? 우리랑 같은 사람이었다고?

할머니 응. 우리랑 같은 사람이지. 사람인데 깨닫지 못하면 절대 일어나지 않겠다고 굳게 결심하고 끝까지 수행해 성인이 된 거야. 인도에서는 깨달음을 완성하여 최고의 자리에 오른 성인을 예전부터 붓다(Buddha)라고 불렀어. 그 붓다를 중국에서는 불(佛)로, 한국에서는 부처로 표기한 거야.

다 인 근데 '고타마 싯다르타' 왕자가 설화 속 인물이 아니라 실존 인물인 것을 어떻게 증명할 수 있어?

할머니 예전에는 설화라고 주장한 사람들이 많았어. 그런데 '고타마 싯다르타'에 대한 기록이 발견되면서 실존 인물인 것이 증명되었지.

다 인 정말? 언제 기록이 발견되었어?

할머니 1896년 독일의 고고학자 알로이스 퓌러 박사가 인도의 룸비니 지역을 발굴하던 중에 '아쇼카 석주'라는 유물을 발견했어. 그 돌기둥에 새겨진 글자를 읽고 룸비니가 부처님이 태어난 곳이고, 실제로 존재했음이 세상에 알려진 거야.

'아쇼카'는 부처님이 돌아가시고 200년 후 등장한 '마우리아' 왕조의 3대 왕이었는데, 인도 전체를 통일한 최초 왕이었고, 불교를 널리 알린 왕이었어. 왕은 원하던 통일을 이루었지만, 피비린내 나는 전쟁의 비참함을 겪은 후 불교로 개종했지. 불교 신자가 된 왕은 불교 교단에 기부를 많이 하고, 유적지를 순례하면서 인도 전역에 수많은 불탑을 세웠어.

아쇼카 왕은 불교 유적지를 순례할 때 '고타마 싯다르타' 부처님이 깨달음을 얻고, 가르침을 처음으로 설법한 곳이 룸비니라는 말을 듣고 직접 방문했어. 그래서 룸비니에 거대한 탑을 세우고 기념하는 석주를 세웠던 거야. 그리고 많은 법당과 스님들이 거주하는 건물도 세웠어. 하지만 13세기에 이슬람교도가 침략하여 많은 불탑과 유물을 파괴했는데, 불교 신도들이 남은 것들에 급히 흙을 덮었다고 해.

그래서 퓌러 박사가 석주를 발굴한 스토리가 극적이야. 박사의 석주 발굴은 중국 당나라의 현장이라는 스님의 룸비니 방문에서 시작되지. 현장 스님은 중국으로 불교가 전래된 중앙아시아와 파키스탄을 거쳐 인도와 네팔까지 17년(629~645년) 동안 순례했지. 순례를 끝낸 후 중국으로 돌아가 당 태종에게 불교를 국교로 정할 것을 요청하였어. 그러자 당 태종이 17년간 그가 보고 접한 것들을 자료로 작성해오라고 명했어. 그래서 그 유명한 현장 스님의 『대당서역기』가 나온 거야.

이 책은 근대 서구 사회에 알려졌고, 탐험가들과 고고학자들이 큰 관심을 가졌지. 특히 그 안에 "아쇼카 왕의 석주가 벼락을 맞아 부서져 있다"라는 기록이 있거든. 이를 본 퓌러 박사는 아쇼카 왕의 석주가 룸비니에 있다고 확신하고 발굴했지.

어느 날 퓌러가 룸비니를 지나가는데 흙에 덮인 언덕을 발견했어. 그래서 인부를 동원하여 거두니 아쇼카 석주가 떡하니 나타난 거지. 석주의 머리 부분은 손상돼 없어졌고, 『대당서역기』의 기록대로 중간 부분은 진짜 벼락을 맞아 갈라져 있더래. 현재는 석주 아랫부분만 남고, 윗부분은 룸비니 고고학 박물관에 보관되어 있어.

다 인 와, 짜릿하다! 근데 그 돌기둥이 아쇼카 석주인 것을 어떻게 알았지?

할머니 다행스럽게도 석주를 세운 이유를 돌기둥에 글자로 새겨놓았더래. "많은 신의 사랑을 받고 있는 야쇼카 왕이 즉위 후 20년 되는 해에 붓다가 태어난 땅을 순례했다. 이곳이 붓다 샤캬모니가 탄생한 곳이기 때문이다. 그래서 돌로 울타리를 만들고 석주를 세우게 했다. 위대한 분의 탄생지임을 기리기 위해 이 지역 룸비니 마을의 세금을 면제해주고, 생산의 8분의 1만 징수한다"라고 기록되어 있었어. 만약 아쇼카 왕 석주가 발견되지 않았다면 여전히 석가모니 부처님을 전설의 존재로만 생각했겠지.

다 인 그럼 아쇼카 왕 이후 불교가 엄청 번성했겠네?

할머니 응, 한동안은 그랬지. 하지만 불교 전성기가 지나고, 다른 민족들이 침략하면서 불교는 압력을 받지. 불교 성지도 파괴되고, 힌두교 교세에 밀려 쇠퇴했어. 그러다 14세기에는 이슬람교도에 룸비니가 완전히 파괴되지. 그렇게 사람들의 기억에서 사라졌다가 근대에 서구인의 발굴로 잊힌 유물들이 발견된 거야.

석주 외에도 1898년에 부처님이 태어난 장소에서 배가 볼록한 항아리가 발굴되었어. 이것이 사리병이야. 부처님의 사리(화장 후 남은 유골)를 담은 병을 말해. 부처님께서 돌아가실 때 인도 전통 풍습대로 화장했더니 엄청난 양의 사리가 나온 거야.

당시 인도의 여러 왕이 사리를 가져가겠다고 싸우자 8개 부족 왕들에게 골고루 나누어 주었대. 왕들은 사리를 사리병에 담아 8만 4,000개의 탑을 세워 보관했어. 그 사리병을 1898년에 최초로 발견했고, 이후에도 여러 장소에서 오래된 사리병들을 발견했어.

나중에 사리 일부가 중국이나 한국으로도 흘러 들어왔지. 우리나라에도 사리를 모신 5개 사찰이 있어. 오대산 상원사, 양산 통도사, 설악산 봉정암, 태백산 정암사, 사자산 법흥사야. 신라 때 자장 율사가 당나라에서 부처님의 진신사리(모조품이 아닌 부처님의 진짜 사리)를 가져와 위 다섯 곳에 안치한 것으로 알려져 있어. 진신사리가 모셔진 통도사 금강계단은 국보 제290호로 지정되었어.

부처님 진신사리는 한정되어 있고 구하기도 힘들지. 대신 불상을 조성해서 부처님을 예배하기 시작했어. 그래서 오늘날처럼 사찰은 사리탑이 중심이 아닌, 불상 중심의 사찰로 변화한 거야.

03

불교는 다른 종교와 뭐가 달라요?

할머니 다인아! 사람들은 왜 종교를 찾을까? 종교가 꼭 필요할까? 이런 것에 대해 생각해본 적 있어?

다 인 글쎄, 원하는 소원이 있거나, 뭔가 힘든 일이 생기거나, 고민이 생길 때, 아플 때 종교를 찾지 않을까? 그래서 필요한 것 아닌가?

할머니 맞아. 우리는 힘든 일이 생기면 도움이 되는 말을 해줄 사람을 찾아가서 심정을 말하고, 의논도 하고, 문제도 해결하고 싶어 하잖아? 그래서 어릴 때는 부모님이 필요했고, 자라면서는 친구가 더 편하니까 친구를 더 많이 찾지.

그러다 어른이 되고 경쟁이 치열한 사회에 나가면 여러 장애와 난관에 부딪히기도 하고, 자신의 한계에 도달하기도 해. 정말 예상하지 못했던 일들이 많이 생겨. 그럴 때 뭔가 힘 있는 존재에 의지해서 두 손을 모으고 간절한 마음으로 기도하고 싶어져.

다 인 맞아. 점점 힘든 일들이 많이 생겨. 에휴, 지금 진짜 공부하기 힘들어.

할머니 그래, 할머니도 다인이 마음 이해해. 근데 옛날에는 힘든 일이 더 많았을 거야. 구석기시대만 해도 그래. 힘없는 나약한 인간으로서 인간보다 힘센 동물을 늘 상대하며 가족과 부족을 먹여 살리기 위해 사냥을 다녀야 했으니까. 때로는 거대한 자연의 힘에 눌려 생존조차 하기 힘든 재해를 겪기도 했고.

그렇게 생명이 왔다 갔다 하는 갈림길에서 살아남기 위해 불이나 태양에게 제사를 지내거나, 특정 동물이나 상징물을 숭배하거나, 온갖 만물에 영혼이 있다고 믿기도 했지. 이미 배웠을 테지만 동물을 숭배하는 것을 토테미즘(Totemism)이라 하고, 온갖 만물에 영혼이 있다고 믿는 것을 애니미즘(Animism)이라고 해.

뭔가 힘 있는 대상을 숭배하고 의지해 위험에서 벗어

나 안전하게 살기를 기원했을 거야. 지금까지 남은 선사시대의 동굴벽화나 매장지에 그려진 그림들이 모두 그러한 바람을 보여주지.

그러다 더 시간이 흐른 후 이 세상에 여러 신들이 있다는 다신교가 나타나고, 단 하나의 전지전능한 신이 있어 세상을 창조하고 다스린다는 유일신 신앙도 나타나. 여러 가지 종교가 다양한 지역에서 발생하는데, 다신교는 인도의 힌두교로 발전하고, 유일신은 기독교로 이어졌어.

다 인 그러니깐 종교는 늘 인간과 함께했고, 인간이 살아남기 위해 종교가 필요했다는 이야기지?

할머니 그렇지. 예수님은 유대민족을 고통에서 구하기 위해 오셨고, 공자는 중국 춘추전국시대의 혼란한 정국에서 바른 정치의 도를 전하기 위해 오셨고, 석가모니 부처님은 생로병사의 괴로움을 해결하기 위해 오셨던 거야.

다 인 생로병사의 괴로움이 뭐야?

할머니 인간이 태어나 늙고 병들고 결국 죽을 수밖에 없는 고통을 말해. 피할 수 없는 근본적인 고통이야. 누구든 태어나면 결국 죽잖아? 피할 수 없는 고통이지.

그런데 현대사회는 태어나서 늙고 병들고 죽는 고통

은 기본이고, 추가되는 고통이 더 많아진 것 같아. 사람과의 관계에서 일어나는 갈등으로 인한 괴로움, 불안, 우울 같은 정신적 압박이나, 집단 따돌림 같은 갖가지 폭력들 말이야.

어디 그뿐이야? 결혼 전에는 학업, 진로, 취업, 이성 문제가 괴롭고, 결혼 후에는 자녀교육, 자녀와의 갈등, 고부간 갈등, 이혼, 경제적 궁핍 등이 괴로워. 이미 인공지능 시대가 왔는데 내가 어떤 직업을 선택해 적응해야 하는지도 어렵게 느껴지고, 100세 시대라 노인복지 문제, 다문화가정 문제 등 곳곳에서 해결해야 할 사회적 어려움도 너무 많아졌어. 그래서 더욱 종교를 찾는 것 같아.

다 인 에휴, 진짜 듣기만 해도 한숨 나온다. 앞으로 이것들을 다 겪어야 하는 거잖아?

할머니 어른들은 '그게 인생이야'라고 농담하지만, 사람이 성장하면서 그러한 일들을 겪지 않을 수가 없지. 근데 다인아, 걱정하지 마. 어떻게 마음을 먹느냐에 따라 그다지 힘들이지 않고 지나갈 수도 있고, 어떤 일들은 미리 대비하면 겪지 않아도 돼.

설사 힘든 일이 생겨도 어떤 마음으로 대처하면 좋은

지를 알고 준비해두면 얼마든지 이겨낼 수 있어. 그리고 다인이는 혼자가 아니잖아? 옆에서 지켜주고 같은 편이 되어주는 사람들이 많거든.

여하튼 '인간은 불확실한 미래와 두려움 속에서 생존을 위해 안전한 길을 선택해야만 했기 때문에 인간의 역사와 함께 종교도 시작했다'라고 정리해보자.

다 인 그러면 불교는 다른 종교와 어떻게 다른 거야?

할머니 여러 종교 가운데 불교는 어떤 해결책을 주고 있을까? 이것이 궁금했던 거지? 그럼, 불교의 특징을 얘기해볼게.

첫째로, 유일신 신앙은 신이 이 세상과 인간을 창조한 주인으로 보는 종교야. 반면에 불교는 신을 섬기지 않아. 더구나 신이 되는 것이 목표이거나, 신과 합치되는 것을 목표로 하지도 않아. 그렇다고 신이 없다고 부정하는 것은 아니야. 신도 여러 계층이 있다고 볼 뿐이야. 불교의 목표는 우리도 깨달아서 부처님이 되는 것, 부처님과 같은 마음을 갖는 것에 있어.

고타마 싯다르타라는 인도의 왕자가 애초에 신도 아니었고, 우리와 같은 인간의 몸으로 태어났어. 그러나 오랜 시간 수행을 통해 완벽한 깨달음을 이루어 최고의 지혜를 갖춘 부처님이 되었지. 그렇게 우리도 노력하면 부처가 될 수 있음을 고타마 싯다르타 왕자가 증명해 보인 것이지.

다 인 부처님은 어떤 존재야?

할머니 인도 고대부터 '붓다(Buddha)'라는 말은 '깨달은 자'를 지칭하는 보통명사였어. 그러다 고타마 싯다르타 왕자가 깨달음을 얻게 되어서 '고타마 싯다르타 붓다'라고 불렀지. 고타마 싯다르타는 본래 샤카족 출신의 왕자였어. 나중에 중국에서 '샤카'를 '석가'로 표기했고, 깨달은 성인을 '모니'라고 했기 때문에 '석가모니'라는 부처님 이름이 만들어진 것이야. 그러니까 석가모니란 샤카족 출신의 위대한 성인이라는 뜻이지. '석가모니'는 당연히 '고타마 싯다르타 붓다'를 가리키는 말이고.

부처님이란 가장 완벽한 지혜를 갖춘 깨달은 존재를 가리키는 말이야. 우주와 인간이 생겨나고 움직이는 이치를 완벽하게 깨달으면 우주와 인간의 과거와 현재, 미래를 모두 보고, 최고의 지혜가 완성된다고 해. 그러면 누구나 모두가 부처가 되는 것이지.

따라서 불교는 신을 추앙하지 않으며, 평범한 인간이라도 노력하면 부처가 된다는 믿음이 다른 종교와 가장 큰 차이점이야.

둘째로, 불교는 괴로움이 일어난 원인이 내게 있다고 말해. 지나친 나의 욕심에 있다는 것이지. 욕심을 부린 것은 지혜가 없기 때문이야. 지혜가 없으면 잘못된 생각과 판단과 행동을 하므로 괴로움이 생긴다고 말해. 결국 괴로움을 만든 사람도 '나'이고, 그것을 해결할 사람도 '나'라는 것을 가르치고 있어.

그래서 나의 생각이나 행동 방식, 생활 습관이 바뀌어야 문제가 해결된다고 가르쳐. 누군가에게 의지해서 나의 괴로움을 해결하는 것이 아니라, 나 스스로 고치라는 것이야. 부처님은 단지 해결 방법을 알려주는 안내자일 뿐이고, 해결자는 바로 '나'임을 강조하고 있어.

그런데 나의 괴로움을 해결할 자가 '나'라면 내가 어떤 사람인지부터 알아야 하지 않을까? 괴로움이 왜 일어났는지, 그 원인을 알아내서 벗어날 수 있는 방법을 찾아내려면 나를 알아야지.

그래서 먼저 자신의 마음을 늘 들여다보고 잘 다스리라고 해. 내 마음을 지켜보고 나서 고칠 점은 고치고, 다스려야 할 부분은 다스리라고 말해. 이러한 과정을 수행이라고 하는 거야. 똑같은 괴로움이 더 이상 일어나지 않도록 하려면 자신의 마음을 스스로 다스리라고 가르치고 있어.

반면에 유일신앙은 우리에게 고통이 생기는 이유는 신의 뜻이라고 말해. 무화과를 따 먹은 죄로 신이 아담과 이브에게 벌을 내려 고통이 시작되었다고 말하지. 그렇기 때문에 인간은 태어날 때부터 원죄를 가졌고 여기서 벗어나려면 신의 구원과 은총이 필요하다고 해. 즉 괴로움에서 벗어나려면 신의 은총을 받아야 해. 그만큼 유일신앙은 신에 대한 믿음과 의지를 강조하고 있어. 따라서 유일신앙은 신의 은총으로 구원을 받는 것이고, 불교는 깨달음을 통해 자신을 스스로 구제하는 것이 두 번째 차이점이야.

셋째로, 유일신앙은 신이 우주와 인간을 무(無)에서 창조한 피조물로 보지만, 불교는 누구라도 깨달으면 부처가 되므로 이 세상의 주인공은 신도 아니고, 돈 많은 권력자도 아니고 바로 '나'라는 것이야.

그렇기 때문에 고통이나 죄악에서 벗어날 수 있는 길은 신의 의지에 있는 것이 아니라, 인간의 의지에 달려 있다고 말해. 불교는 인간을 누구의 종속물로 보지 않고, 부처가 될 수 있는 매우 귀하고 소중한 존재로 보고 있어. 인간에게는 주체적 의지가 있으므로 언제나 발전

가능성을 갖고 있다는 것이지. 이는 인간의 가치에 대한 위대한 발견이야. 석가모니 부처님이 돌아가시면서 제자들에게 유언을 남기셨어. "너희는 나에게 의지하지 말고, 내가 설명한 진리에 의지하고 너희 자신에게 의지하라"고.

따라서 불교는 깨달은 자가 깨닫는 법을 가르쳐주는 종교이고, 진리에 대한 깨달음을 중시하는 종교야. 신을 받드는 종교가 아니라, 인간의 잠재적 능력을 귀하게 여기는 종교이므로 인간의 주체적 의지와 부단한 노력을 매우 중요하게 생각해.

넷째로, 불교의 열 가지 계율 중 첫 번째가 살아 있는 생명을 절대 다치게 하지 말라는 거야. 그래서 길을 걸을 때 작은 벌레도 다치지 않도록 살피며 걷고, 특히 살생이 일어날 수 있는 전쟁이나 싸움을 피하려고 노력해. 그러다 보니 불교는 종교전쟁을 일으키지 않아. 되도록 다투지 않고 싸움을 중재하려고 애쓰고 있어. 석가모니 부처님의 두 번째 유언이 '다투지 마라, 화합하라!'였거든. 이처럼 불교는 화합을 매우 중요하게 생각해. 그래서 화합을 깨뜨리는 수행자는 가차 없이 절에서 쫓아냈지.

다섯째로, 불교에는 자비 정신이 있어. 인간은 서로 연결된 존재이므로 비록 서로 다른 문화권이라 해도 되도록 끌어안고 받아들이고 융합하려고 노력해. 인도에서 불교가 시작되었을 때 기존 인도의 종교와 철학을 비판하기도 했지만, 받아들일 것은 받아들여서 계승한 것도 많아. 불교가 들어서기 전에 '붓다'라는 단어 외에도 윤회, 업, 해탈이라는 단어들이 있었는데 이것들을 이어받아 사용했어. 물론 석가모니 부처님이 그 단어들의 의미를 확장시켰지만.

불교가 중국, 한국, 일본, 티베트로 들어올 때도 각 나라의 백성들이 믿고 신앙해온 전통 종교나 신들을 인정해주었어. 전통 신들을 부처님의 제자로 받아들여 불교를 수호하는 신들로 업그레이드시켰지.

이는 나의 믿음만 소중한 것이 아니라, 남의 믿음도 소중하게 생각하는 철학이 있기 때문이야. 이것이 불교의 자비 정신이야. 인류는 함께 더불어 살아가야 하는 존재잖아. 요즘 종교로 인한 전쟁과 갈등이 너무 많아서 안타까워. 모든 존재가 연결되어 있음을 알고 자비심을 되살려 하루빨리 전쟁이 멈추기를 바라고 있어.

04

불교는 한마디로 어떤 종교예요?

다 인 그럼, 할머니! 불교는 어떤 종교인지 한마디로 정리해 줘. 그러니까 우리더러 어떻게 살라는 거야?

할머니 이건 맨 마지막으로 말해주려고 했는데 벌써 물어보네. 그래도 알려주어야겠지?

불교는 한마디로 '나쁜 짓은 하지 말고, 선한 일을 하는 사람이 되어라. 그리고 이 결심이 변하지 않도록 늘 자신을 돌아보고, 잘못한 일이 있으면 바로 반성해서 자신이 좀 더 나은 사람이 되도록 노력하라'고 가르치지.

나부터 올바르게 서 있어야 내 가족, 내 친구, 내 주변, 나아가 세상이 서로 안정된 관계 속에서 함께 행복할 수 있지 않을까? 모두가 행복해지는 세상이라면 나는 저절로 행복해지겠지. 모두가 함께 더불어 행복한 세상을 꿈꾸는 것이 우리의 목표이면 좋겠어. 행복한 세상을 만들려면 무엇이 선인지, 악인지 구별할 수 있는 지혜도 필요하고, 선을 실행할 수 있는 아이디어도 필요해.

그러한 지혜와 아이디어를 얻기 위해 깨달음이 필요하고, 깨달음을 얻으려면 수행이 필요한 것이지. 결국 수행이란 세상에 이로운 사람이 되도록 자신을 올바른 방향으로 이끄는 것이야. 그렇기 때문에 내 마음도 잘 공부해야 하고, 학교에서 지식도 열심히 배워야 하는 것이지.

2부

석가모니 부처님은 어떤 분이세요?

05

인도는 어떤 나라예요?

다 인 할머니, 오늘은 석가모니 부처님의 일생에 대해 알고 싶어. 부처님이 인도에서 태어나셨다는 정도는 알고 있었어. 인도는 어떤 나라인지 궁금해.

할머니 그래, 부처님 생애를 알기 전에 인도라는 나라에 대해 알아볼 필요가 있어. 인도의 기후, 인종적 기질, 문화, 풍습, 전통 종교, 신분제도 등이 불교가 탄생한 배경이 되니까.

우선 인도의 땅을 보자. 동쪽으로 히말라야산맥을 넘으면 중국과 연결되어 있고, 서쪽으로 중동지역과 이어져 터키, 지중해를 넘으면 유럽이 나와. 그래서 인도는 동양과 서양을 잇는 지점에 있고, 삼면이 바다야. 넓이는 러시아를 제외하고 전 유럽의 영토를 합친 것보다 크다고 해. 아마 한반도의 12배가 넘을걸? 현재 세계인구수가 약 81억 6,000만 명인데, 인도인이 14억 5,000만 명이니 대단히 큰 나라이지.

날씨를 보면, 국토가 길어서 기후 차이가 매우 커. 북쪽의 기후는 한겨울에 영하 30도까지 내려가지만, 남쪽은 몬순 아열대성 기후야. 그래서 3~5월은 태양이 뜨거운 건조기이고, 6~10월은 비가 많이 내리는 몬순(장마)기이며, 11~12월은 건조하고 바람이 많이 부는 계절이야.

어떤 인류학자는 찌는 듯한 더위와 높은 습도 때문에 인도인이 수동적이고, 사색적이고, 인내심 있는 성격을 갖게 되었다고 말해. 특히 장마 때는 비가 너무 많이 와서 외출을 거의 안 하고 한 장소에 머물며 사색을 많이 하였어. 인도인이 명상적인 기질을 타고난 것도 날씨 영향이 크다고 해. 부처님이 나오시기 전부터 인도에 요가 수행자가 많이 있었던 것을 보면 맞는 말 같아.

무덥고 장마가 긴 날씨로 인도의 철학은 대단히 종교적이고, 내면적이고, 자기반성적인 경향이 강해. 그들은 이 세상을 고통스러운 곳이라고 생각했고, 어떻게 하면 이 고통스러운 세상에서 벗어날 수 있을까 고민하였지. 이 때문에 인도는 고대사회부터 많은 종교가 있었어. 불교 이전 종교가 '바라문교'인데 인생 주기를 4단계로 정해놓았어.

1단계는 부모 밑에서 학업과 공부에 열중하는 시기로 많이 배워야 하는 학습 시기.

2단계는 결혼해서 아이를 낳고, 가업을 물려받아 집안을 번성시켜야 하는 독립 시기.

3단계는 노년기에 접어들어 은퇴하고, 자식에게 가업을 물려줘. 그러고 나서 부부가 같이 집을 아예 떠나. 집도 버리고 숲에 머물면서 인생을 깊이 사색하는 유랑 시기.

4단계는 부부 중 한쪽이 먼저 죽어 사별하고, 자신도 죽기 전까지 그냥 숲에서 머물며 깊이 명상하다가 숲에서 생을 마감하는 최후 명상 시기.

다 인 와우, 인도 사람들 정말 특이하다. 늙어서 그냥 숲에서 죽으라고? 도대체 인생을 무슨 재미로 사나?

할머니 인생의 재미를 찾기 전에 닥친 고통이 더 급했기 때문이라고 봐. 인도라는 땅이 여름에 워낙 비가 많고 홍수가 잦아서 식구들과 집이 떠내려가는 일이 많았다고 해. 생명이 왔다 갔다 하는 상황이니 빨리 탈출하는 일이 급했던 거지.

'반야바라밀경'이라는 경전을 들어본 적 있니? 거기 맨 마지막에 "아제아제 바라아제 바라승아제 모지사바하"라는 문구가 나와. '가자! 가자! 어서 건너가자! 안전한 저 언덕으로 어서 건너가자'라는 뜻이야. 홍수 난 곳에서 속히 벗어나기 위한 간절한 바람이 주문으로 만들어져서 경전에 들어간 거야.

이처럼 눈앞에 닥친 고통을 해결하기 위해 인간의 삶은 늘 종교와 함께해왔어. 그래서 그 나라의 종교를 이해하려면 그 나라의 땅, 날씨, 인종, 역사, 문화, 관습, 제도 모두를 살펴야 제대로 아는 것이지.

다 인 음, 그렇구나.

할머니 그럼 인도의 역사를 알아볼까? 다인이는 세계 4대 문명을 알고 있어? 이집트 문명, 메소포타미아 문명, 인더스 문명, 황하 문명이잖아? 그중 인더스 문명이 인도에서 생겨난 거야. 인더스 문명은 서인도의 인더스강을 중심으로 기원전 5000년부터 기원전 3000년경까지 2,000년가량 이어진 문명인데, 당시는 정글지대였다고 해.

인더스 문명에는 나름의 고대문자가 있었고, 바둑판 모양의 네모반듯한 도시를 건설했고, 벽돌을 굽기도 했으며 급수와 배수시설이 있어서 하수구도 설치했고, 공동 우물과 공동 목욕탕도 있었다고 해.

2단으로 만들어진 큰 목욕탕은 종교의식과 관련되었다고 추측되고 있어. 요가를 수행하는 모습의 신상과 정교한 문양의 도장이 발견되었고, 주사위나 체스도 발견된 것으로 보아 매우 수준 높은 문화 문명이었던 것 같아. 그리고 등에 혹이 있는 소도 유물로 발견되었는데, 아직도 인도인은 소를 신성하게 여기잖아? 이것은 인더스 문명의 영향이야.

당시 신앙은 모신 숭배, 애니미즘, 샤머니즘, 토테미즘 등 여러 가지 원시적 신앙이 섞인 모습이었어. 인더스 문명이 몰락한 때는 기원전 25세기경이었는데, 몰락의 이유를 홍수설, 전쟁설, 부족 간 다툼 등으로 추측하고 있지. 하지만 홍수설을 가장 유력하게 보고 있어. 인도인에 대해서도 알아볼까?

인더스 문명을 만든 인종은 흑갈색 피부의 드리비다족이야. 그들은 인더스 문명이 몰락한 후, 기원전 1300년경에 인도 북쪽에서 침입한 아리아족의 지배를 받게 돼. 백색 피부를 가진 아리안족은 코카서스 남부의 유목민이었는데 인도에 들어오면서 농업 중심의 정착 생활을 하게 되었어.

토착민이던 드라비다족은 청동기 문명이었는데, 아리안족은 철기 문명이었기 때문에 이길 수가 없었어. 아리안족은 드라비다족을 남쪽으로 몰아내고 그들을 노예로 삼았고, 인도 전역을 점령하면서 지배계급이 되었어. 그때 '카스트'라는 계급제도를 만들었는데, 아리안족의 지배체제를 굳히기 위한 신분제도였지.

키가 크고, 코도 높고, 흰 피부의 아리아인은 스스로를 높여 '아리아(Arya, 고귀하다)'로 불렀어. 드라비다 원주민을 굴복시키고 만든 카스트 제도의 최상층이 바라문(종교 사제)이고, 다음으로 크샤트리아(왕족, 귀족), 바이샤(상공농 평민), 수드라(노예) 순인데, 가장 천한 계급으로 '찬드라'도 있었어. 절대 접촉하면 안 되는 '불가촉천민'이라고 하였지. 종교를 주관하는 바라문만이 글을 배울 수 있는 최상층계급이었고 최고 권력자였어. 왕들도 이들에게 복종해야 했지.

이후로 문명의 중심지는 인도 동북부의 갠지스강이었어. 나중에 힌두교의 성지가 되었고 많은 종교와 사상이 출현해. 석가모니 부처님도 갠지스강 지류에 세워진 작은 나라에서 태어나셨어.

다 인 아하, 그렇구나. 그런데 아리안에게도 종교가 있었어?

할머니 아리아인의 종교를 '바라문교'라 하고, 그 경전을 베다(veda)라고 해. 아리아인은 그들의 신화를 '리그 베다'라는 찬가집으로 만들었고 백성들이 자신들을 숭배하도록 명령했어.

한마디로 베다는 하늘에서 계시받은 신들의 말씀이라는 거야. 그래서 베다는 신들의 종교이고, 자연계의 여러 현상을 신격화하였어. 자연계의 배후에 인간의 능력을 넘어서는 절대신이 있다고 보고, 그들에 대한 숭배를 중요하게 생각한 거지.

브라만 계급은 그들 자신이 신의 계시를 받은 사람이므로 신을 대신하는 사람들이며, 신에게 제사를 지내야 한다고 주장해. 제사를 지내야 모든 소원이 이루어진다고 강요했어. 이는 바라문을 거의 신들과 동등한 위치로 올린 거야.

그런데 갠지스강 중심으로 상공업이 발달하면서 도시국가가 생기고, 화폐경제가 번성해져. 이로 원래 상공인 계급이던 바이샤와 수드라도 막대한 부를 축적하면서 서민들의 존경을 받는 시대가 왔어. 물질적 풍요로 계급사회에도 변화가 온 거지.

그러다 기원전 600~500년경부터 더 이상 바라문의 특권과 베다의 종교적 권위를 인정하지 않고 비판하는 자유로운 사상가들이 등장했는데, 이들을 사문(沙門, sramana)이라 했어. 사문은 한곳에 머물지 않고 돌아다니며 진리를 전하고, 음식을 얻어먹는 탁발문화를 일으킨 수행자들이야.

석가모니 부처님도 그 사문 중 한 사람으로 등장해서 훗날 깨달음을 이루신 거야. 부처님이 어린 시절 왕궁에서 베다를 공부하였기 때문에 베다의 영향도 받았고, 출가해서는 처음에 사문으로 있었기 때문에 그 영향도 받았어.

다 인 아하, 그렇구나. 그 사문들이 주장하는 철학은 뭐였는데?

할머니 그들에게 여섯 가지 철학이 나타나. 이를 '육사외도'라고 했는데, 크게 세 가지 범주로 이해하면 돼. 첫째, 모든 존재는 절대적 유일신에 의해 창조되었고, 신의 뜻에 의해 행복과 불행이 결정된다는 철학이지. 둘째는 숙명론이야. 인간의 행복과 불행은 전생에 자신이 지은 행위로 결정된다는 철학이야. 셋째는 우연론이야. 모든 존재가 물질적 요소가 만나고 흩어져 이루어지므로 인간의 행복과 불행은 우연으로 일어난다는 철학이야.

그런데 부처님은 세 가지 철학에 대해 모두 다 부정적 입장이었어. "신의 존재를 확인할 수도 없고, 모든 것이 신의 뜻이라면 인간이 죄를 지어도 신의 뜻이므로 벌을 줄 수 없다. 또한 모든 것이 숙명이거나 우연히 일어난 것이라면 인간에게 책임을 물을 수 없다"라고 비판하셨어.

고타마 싯다르타가 깨달음을 얻기 전까지 육사외도의 철학을 차례로 공부하면서 그들의 수행 방법을 모두 실행해보았는데, 곧 그 한계를 알게 된 거야. 결국 고타마 싯다르타가 고통에서 벗어날 근본적 해결 방법을 찾은 이유가 바로 육사외도의 철학과 수행을 해본 덕분이라고 생각해. 이미 인도에 다양한 철학과 수행 풍토가 오랫동안 전해 내려와서 수행을 직접 체험해볼 수 있는 여건이 너무도 좋았던 거지. 그래서 부처님이 인도에 태어나신 것이 아닐까 싶어.

06

부처님은 언제 태어나 어떻게 살다 가신 거예요?

다 인 석가모니 부처님은 언제 태어나셨어?

할머니 탄생 시기에 대해 여러 설이 있기 때문에 정확하게 말할 수는 없지만, 대략 기원전 600~500년 사이(기원전 563년)에 태어나 약 80세(기원전 483년)까지 사셨던 걸로 보고 있어. 지금부터 2,600여 년 전에 인도와 네팔 국경 사이(현재 네팔 국경)의 갠지스강에 있는 작은 부족 국가였던 카필라국에서 '고타마 싯다르타'라는 왕자가 태어났어. 아버지 이름은 숫도다나 왕이었고, 어머니 이름은 마야 왕비였어.

두 사람 사이에 늦도록 아이가 생기지 않아서 고민

이 많았는데. 뒤를 이을 왕자가 태어나지 않아서였지. 그러다 아버지 나이 40세, 어머니 나이 45세 되던 어느 날, 마야 왕비가 태몽을 꾸었는데, 빛이 환하게 빛나는 사람이 왼손에 연꽃을 들고 여섯 개의 큰 상아가 달린 흰 코끼리를 타고 하늘에서 내려왔어. 그러더니 마야 왕비의 오른쪽 옆구리로 들어오더래. 이 태몽을 꾸고 나서 아기를 가진 것을 알게 되었다는군.

만삭이 되어 출산일이 다가오자 마야 왕비는 당시 인도 풍습에 따라 아기를 낳으러 친정으로 갔어. 가는 도중에 룸비니 동산이라는 곳에서 잠시 쉬는데 갑자기 진통이 온 거야. 그래서 무우수(근심이 없다는 뜻) 나무를 붙잡는 순간 오른쪽 옆구리로 왕자가 태어났다고 해.

다 인 응? 옆구리로 태어났다고? 그게 사실이야?

할머니 당시 인도에서는 깨달은 성인이 태어날 때 흰 코끼리를 타고 내려온다는 설화가 있었고 바라문은 입으로, 크샤트리아는 옆구리로, 바이샤는 무릎으로, 수드라는 발로 태어난다는 믿음이 있었지. 싯다르타가 왕족이었으니까 오른쪽 옆구리로 태어났다고 전해진 거지.

왕자가 태어나자 아홉 마리 용이 나타나 왕자를 목욕시켰대. 아직도 구룡이라는 말을 많이 사용하지? 거기에서 유래된 말이야. 그리고 요즈음 석가탄신일에 아기 부처의 몸에 물을 붓는 의식을 하지? 이것을 부처님의 몸을 씻는다는 관불의식이라 하는데 부처님의 탄생 설화와 연관된 거야.

다 인 그런데 아기 부처님이 태어나자마자 혼자 걸어가더니 무슨 말을 했다던데?

할머니 아하, 천상천하유아독존? 풀이하면 '하늘 위에, 하늘 아래, 오직 나 홀로 존귀하다'는 뜻인데, 내가 제일 잘났다는 뜻이 아니라, 이 세상에서 내가 제일 소중한 사람이라는 것이야. 다시 말하면 우리 개개인 한 사람, 한 사람 모두가 귀한 존재라는 것이야. 이 세상에 다인이와 똑같은 사람이 또 있어?

다 인 당연히 없지.

할머니 그래. 이 세상에 나와 같은 사람은 없어. '나'라는 사람은 어디에도 없는 유일한 사람이야. 우리 하나하나가 너무 귀한 사람이기 때문에 자신을 소중히 여겨야 한다는 의미이야.

여기서 두 가지를 꼭 생각해야 해. 첫째, 내가 소중하다면 남도 그만큼 소중해. 그래서 우리는 서로를 존중하며 살아야 해. 둘째, 소중한 자신도 지키고 남도 지키기 위하여 '해야 할 일'과 '해서는 안 될 일'을 구분할 줄 알아야 해. 그러려면 우주와 세상이 돌아가는 이치를 바르게 아는 지혜가 매우 중요해.

저마다 귀한 존재라 해서 서로 잘났다고 다투는 것이 아니라, 서로를 존중하는 태도로 살아야 해. 존재하는 개개인 모두가 귀한 생명임을 알고, 모두가 함께 잘 살 수 있는 세상을 만들어가는 것이 지구인의 의무 아닐까? 아기 부처님이 태어나자마자 인류의 사명을 알리려고 '천상천하유아독존'이라 말했다고 생각해.

07

부처님의 청소년 시절은 어땠어요?

다 인 부처님은 청소년 시절을 어떻게 보냈는지 궁금해.

할머니 부처님이 왕자로 태어났지만 불행하게도 엄마인 마야 왕비가 고타마를 출산하고 7일 만에 돌아가셔. 그래서 당시 풍습에 따라 이모였던 마하파자파티가 왕비가 되고, 이모 손에 크지. 이모가 온갖 정성과 사랑으로 키웠지만 어린 고타마의 가슴에는 늘 엄마에 대한 그리움이 있었을 것 같아.

다 인 안됐다. 태어나자마자 바로 엄마를 잃다니, 너무 슬프다.

할머니 그러게 말이야. 그래도 아빠가 왕이었으니까 생활은 풍요로웠고, 큰 걱정 없이 살 수 있었지. 왕자로서 최고의 교육도 받았어. 7세에 당시 최고의 학자를 왕궁으로 불러 모든 학문과 무술을 배웠는데, 64종의 서적을 읽었고, 29종의 무기를 다룰 줄 알았대. 모든 면에서 비범한 재능을 발휘하였다고 해. 그런데 고타마가 태어날 때 아시타라는 예언가를 불러 왕자의 관상을 보게 했는데, 예언가는 왕자를 보고 통곡했어.

다 인 예언가가 왜 울었는데?

할머니 그가 말하기를 "이 아기는 두 가지 중 하나를 이룰 것이다. 하나는, 천하를 덕으로 다스리는 대왕(전륜성왕)이 되어 많은 아들을 둘 것이며, 무기와 병사를 사용하지 않아도 저절로 태평성대를 이룰 것이다. 다른 하나는, 궁을 떠나 수행자가 된다면 큰 깨달음을 얻어 이 세상에 빛을 주는 붓다가 될 것이다. 그런데 내가 지금 너무 늙어서 붓다가 되는 것을 못 보고 죽게 되니 너무도 한탄스럽다"라고 하고 울었대.

근데 이 말을 들은 아버지 정반왕은 덜컥 겁이 났어. 왕위를 이어야 할 왕자가 왕궁을 버리고 떠날까 봐 너무도 두려웠지. 그래서 여러 궁전을 지어서 3만 명의 궁녀를 옆에 두도록 했고, 바라문 출신의 청년을 궁 안으로 불러 태자의 친구가 되게 하여 내내 유흥을 즐기도록 했어. 왕자가 궁 밖으로 나가 세상의 괴로움을 보지 못하도록 미리 울타리를 친 거야. 왕자가 행여나 다른 생각을 품을까 봐 그토록 애를 쓴 거지.

아버지의 그런 노력에도 싯다르타는 즐거워하거나 행복한 얼굴이 아니었대. 늘 생각에 잠긴 날이 많았다고 해. 그런 왕자의 모습이 계속 불안했던 정반왕은 아들의 마음을 돌리기 위해 16세에 '야소다라'라는 처녀와 결혼시켜.

다 인 와, 완전 대박 스토리다!

할머니 7세에는 이런 일도 있었어. 카필라국은 주로 쌀농사를 짓는 나라여서 봄이면 한 해 농사를 시작하며 풍작을 기원하는 농경제가 열려. 어느 날 이 행사에 고타마도 참여했어. 그런데 고타마가 유심히 살펴보니 농부가 땅을 갈자 흙 속에 있던 애벌레가 기어 나왔어. 그러자 새가 날아와 그 애벌레를 잡아먹는 장면을 본 거야. 처음으로 잔인한 먹이사슬의 세계를 본 것이지.

이 장면을 보고 마음이 편하지 않고 심란했어. '왜 먹고 먹히는 괴로움이 생기는 것일까? 이런 괴로움에서 벗어날 방법은 없을까?' 하며 옆에 있는 나무 그늘에 앉아 깊은 사색에 잠겼어. 이것이 바로 왕자의 첫 번째 선정 삼매 경험이었다고 해. 선천적으로 타고난 탐구심과 종교성이 나타난 거지.

이날 이후 여전히 왕궁에서 최대의 영화와 즐거움을 누렸지만, 왕자는 인간과 세상에 대하여 더 많은 고민과 의문을 가지게 돼. 혼자 사색에 잠기는 날들이 많아졌어. 이를 본 아버지와 어머니의 마음은 불안했고, 걱정을 많이 했어.

다 인 그런 다음에 어떻게 되었어?

할머니 나중에 결혼도 했고, 뭐하나 부족하지 않은 호화로운 왕궁 생활이었지만, 왕자의 마음은 늘 다른 곳에 있었지. 그러던 어느 날 왕궁을 나와 동서남북으로 산책을 하게 되었는데, 그때까지 궁 안에서 볼 수 없던 여러 장면과 사람들을 보고 마음이 크게 흔들려.

먼저 동쪽으로 갔는데, 백발에 허리가 굽은 노인이 지팡이를 짚고 힘없이 걸어가는 모습을 보았어. 그래서 '인간은 누구나 저렇게 늙는구나'라고 생각했어. 다음, 남쪽으로 길을 나섰는데, 아파서 고통스러워하는 병자를 본 거야. 병에 시달려 괴로워하는 사람을 보고 왕자 역시 힘든 마음으로 왕궁에 돌아왔어. 또 서쪽으로 길을 나섰는데, 죽은 사람을 메고 가며 친척들이 슬피 우는 장례 행렬을 보았어. 이를 본 태자는 '아, 인간은 태어나 저렇게 죽는구나'라고 생각하고 더 무거운 마음으로 돌아왔어. 인간이 늙고 병들고 죽는다는 사실을 눈으로 직접 보며 많은 생각을 하게 돼. 이번에는 북쪽으로 나갔어. 북문 밖으로 나가 보니 나무 아래에 단정히 앉아 있는 수행자를 만나게 되었는데, 그는 머리를 삭발했고 수행자가 입는 옷을 입고 있었어. 그런데 눈빛이 너무 맑고 밝은 거야. 그래서 '당신은 누구이고, 왜 거기에 있냐'고 물으니 '인간이 늙고 병들고 죽는 괴로움에서 벗어나 진정한 행복을 구하기 위해 출가한 수행자'라고 자신을 소개했어. 그 말을 들은 고타마는 기쁨이 차올랐어.

설화에 따르면 왕자가 동서남북으로 길을 가다가 여러 장면과 사람을 보면서 큰 고민에 빠진 것은 하늘의 신이 일부러 그렇게 했다고 전해지고 있어. 신이 몸을 바꾸어가며 나타나 고타마의 마음을 흔들어 스스로 깨달음을 얻고자 하는 의지가 생기도록 했다는 것이야.

다 인 와우, 너무 재미있다. 동서남북으로 다녀온 후 태자는 어떻게 되었어?

할머니 북문을 다녀온 사건이 고타마가 출가한 결정적 동기였어. 눈빛이 맑게 빛나던 출가 수행자를 만나 인생의 괴로움을 해결할 방법이 생겼다는 생각에 그동안의 우울했던 마음이 싹 사라졌다고 해. 금세 얼굴빛이 환해지고 즐거운 표정이 되었지.

그런 고타마의 모습에 반한 어떤 여인이 "그의 부모는 저런 아들을 두어서 행복하겠다. 그의 부인은 저런 남편을 두어서 너무 행복하겠다"며 노래했는데, 노래 안의 행복이라는 말에 태자는 영감을 얻었어 '과연 영원한 행복이 무엇일까. 병이 없고 죽음이 없고 근심, 걱정, 번뇌가 사라지는 최상의 행복은 무엇일까' 곰곰이 생각해. 그러더니 '아마도 그것은 출가일 거야'라고 생각했지. 그래서 영감을 준 여인에게 감사의 마음으로 목걸이를 벗어 주고 궁에 돌아와 아버지에게 출가할 결심을 말했어.

다 인 어머나, 그 말을 들은 아버지가 뭐라고 했어?

할머니 당연히 왕은 하늘이 무너지는 것 같았지. 떨리는 마음을 누르고 "네가 출가해버리면 나랏일과 종묘는 어찌할 것이냐?"고 물어보자, 고타마는 "만일 아버지가 늙지 않게 할 것, 항상 어린아이로 있게 할 것, 항상 병이 없을 것, 영영 죽지 않을 것을 해결해준다면 출가하지 않겠습니다"라고 했어. 어이가 없던 왕은 "그럼 왕위를 이어줄 아들이라도 태어나면 출가하라"고 간신히 달랬어.

다 인 아버지가 정말 충격받았겠다.

할머니 물론 그랬지. 그런데 신기하게도 그날 후 바로 라후라('아, 장애로구나!'라는 뜻의 이름)라는 아들이 태어난 거야. 손주가 태어났지만 아버지 정반왕은 그날부터 고타마의 출가를 본격적으로 막았어. 사대문에 500명 병사를 배치했고 어머니, 궁녀, 부인은 늘 고타마를 감시했어. 그리고 고타마의 마음을 돌리기 위하여 매일 연회를 베풀어 아름다운 여인들에게 빠져 있도록 했어.

그렇지만 고타마는 아들이 태어났으니 이제 정말 출가해야겠다고 결심해. 매일 기회만 엿보고 있었지. 어느 날 드디어 기회가 왔어. 밤늦도록 연회가 베풀어졌는데 하늘의 신들이 신통력으로 성에 있는 병사들을 모두 잠들게 했어. 그리고 술에 취해 쓰러진 궁녀들을 보니 마치 시체처럼, 요괴처럼 보였다는 것이야. 그 순간 고타마는 정말 그런 것들에 신물이 났대. 이제 더 이상 견딜 수 없다고 생각했어.

드디어 모두 잠든 밤에 마부를 깨워 말을 타고 궁을 떠났어. 이때 나이가 29세였지. 야밤에 도주한 고타마는 날이 밝자 옆에 찼던 칼로 자신의 머리카락을 스스로 자르고, 지나가던 사냥꾼에게 자신의 옷을 주고 그가 입은 누더기로 갈아입었어. 그러고 당시 유명한 육사외도들을 한 명씩 찾아 나선 거야.

다 인 와, 정말 드라마틱하다.

할머니 전해오는 이야기에 따르면 출가 전에 정반왕과 아쇼다라 부인은 허공의 달이 떨어지거나, 이빨이 전부 빠지거나, 오른쪽 어깨가 사라지는 꿈을 꾸었다고 해.

08

어떻게
부처님이 되신 거예요?

다 인 고타마 싯다르타는 그토록 반대하는 출가를 해서 어떻게 깨달음을 이룬 거야?

할머니 그 여정이 결코 쉽지 않았어. 우선 당시에 유명한 수행자들을 찾아가 하나씩 체험해보았어.

먼저 고행주의자를 찾아가 고행을 열심히 해보았어. 하지만 "이렇게 고행하는 이유가 무엇이냐"고 스승에게 물었더니 "하늘에 태어나기 위한 것"이라는 말에 실망해. "하늘에 태어나려면 내가 지금 죽어야 하고, 설사 하늘에 태어난다 해도 하늘에서 수명이 다하면 다시 죽는 것"이라며 그곳을 떠나.

다음으로 하늘, 달, 해, 불, 물을 숭배하는 브라흐만 수행자를 찾아갔어. 고타마도 하늘, 달, 해, 불, 물을 숭배해보았지만 역시 생사의 고통에서 벗어날 수 없다고 판단하고 다시 길을 떠나.

다음으로 선정 삼매를 추구하는 수행자들을 만나는데, 그들 역시 수행의 목적에 대해 "하늘에 태어나려고 한다"고 말했고, 고타마는 실망했어. 그리고 고요한 선정에 들었다 하더라도 선정에서 벗어나면 다시 시끄러운 번뇌가 올라오는 것을 체험하고 이 역시 올바른 방법이 아니라고 생각하고 떠나.

마지막으로 극단적인 단식 고행주의자를 찾아가. 그들은 영혼이 물질에 빠져 있기 때문에 괴로움이 생긴다고 보았어. 그래서 영혼의 자유를 얻기 위해 육체에 고통을 주어야 한다는 생각에 매우 혹독한 고행을 추구했어. 이에 고타마는 그 누구도 흉내 낼 수 없는 극심한 고행을 6년간 계속했지. 그러다 거의 죽음 직전까지 가게 돼. 하루에 좁쌀 3알만 먹었다고 하더라고. 진짜 죽지 않을 만큼만 먹은 거지. 목욕도 금지였기 때문에 참으로 극한 고통의 시간을 보냈는데, 고행으로 몸의 갈비뼈가 앙상하게 드러났고, 머리는 무성하게 자라나 새들이 머리 위에 집을 지을 정도였대.

고타마는 그처럼 극단적인 고행을 6년 동안 실천해 보았지만, 육체의 고행을 통해 해탈을 이룰 수 없고, 깨달음에도 이를 수도 없음을 알게 돼. 자신이 출가한 목적이 고행 자체에 있던 것이 아니라고 느꼈던 거야. 결국 고행주의도 버려.

이렇게 당시 유행하던 여러 수행법을 하나씩 실천해 보았지만 모두 문제가 있다고 판단했어. 그들 모두 인간의 괴로움을 근본적으로 해결하지 못했으며, 또한 수행의 목적이 하늘에 태어나기 위한 것도 아니라고 생각한 거야.

그래서 6년간의 고행마저 버리고 쇠약해진 몸을 이끌고 간신히 마을로 내려와 목욕을 해. 그때 지나가던 마을 처녀가 준 우유죽을 먹고 기력을 회복해. 그러자 함께 고행하던 수행자들 모두 고타마의 곁을 떠나버려.

몸을 회복한 고타마는 자신이 찾고자 했던 것이 완전한 행복, 해탈이었는데 하늘에 태어나기 위한 수행이거나, 육체적 고행으로는 얻을 수 없다고 결론 내렸어. 이제부터 오로지 자기 힘으로 이루겠다고 다짐하고, 문득 일곱 살에 농경제에 참여하던 날 자신이 나무 아래에서 깊은 사색에 잠겼던 일을 기억해. 다시 그렇게 해보자는 생각으로 보리수나무 아래에 부드러운 풀을 깔고 앉았어. 그리고 깨닫기 전에는 절대 일어나지 않겠다고 결심하고 수행을 시작했어.

그러던 어느 날 인간에게 괴로움이 생기는 이유는 마음속 깊이 들어 있는 집착과 욕심과 무지 때문이며, 이 세 가지를 버려야 모든 번뇌가 사라져 완전한 행복에 이를 수 있다고 깨달았어.

홀로 깊은 사색을 계속하며 선정 삼매에 들다가 어느 새벽에 떠오르는 동쪽 샛별을 보는 순간 우주의 모든 과거와 현재, 미래를 훤히 꿰뚫어 보는 깨달음을 얻으셨다고 해. 전설에 따르면 고타마가 우주를 깨닫는 순간, 이를 알아차리고 수행을 방해하기 위해 마왕이 자기 딸을 내려보내 유혹했어. 그러나 고타마가 오른손으로 땅을 가리키자 땅이 흔들리더니 마왕 무리가 사라졌다고 해. 이때가 깨달음을 이룬 35세였어.

비로소 부처님이 된 거야. 부처님이 이루신 깨달음은 누구의 지도에 의한 것이 아니라 스스로 이룬 것이지. 깨닫는 순간 땅이 18가지로 진동하고 하늘에서 비, 꽃이 내리고 음악이 울리고, 용과 신들이 하늘 음식을 올렸다는 전설이 전해지고 있어.

다 인 깨달음을 이루는 과정이 진짜 혹독했다. 그다음에는 어떻게 하셨어?

할머니 이제부터는 석가모니 부처님이라고 해야겠지? 깨달음을 얻은 석가모니는 7일 동안 해탈의 즐거움을 누리셨는데, 자신이 깨달은 진리를 일반인들이 이해하기 힘들 거라는 생각이 들어 가르침을 전하는 것을 주저하셨어. 그러자 제석천이라는 하늘의 신이 나타나 "가르침을 펴지 않으면 세상 사람이 부처님이 깨달으신 진리를 배울 수 없으니 불행할 것입니다. 그러니 부디 자비심을 베풀어 가르침을 펼쳐주소서"라고 세 번이나 간절하게 요청하자, 결국 이를 수락하셨어.

그래서 '어떻게 하면 일반 사람들이 이해하기 쉬울까' 하고 고민하시다가 귀족이 사용하는 어려운 언어 말고, 평민이 사용하는 언어로 사람들의 이해 능력에 따라 예를 들어 설명해주셨어. 마치 의사가 환자의 증상에 따라 약을 주듯이 가르침을 전하신 거지.

석가모니는 드디어 보리수나무에서 일어나 이 진리를 누구에게 가장 먼저 알려줄까 생각한 끝에, 고타마에게 선정 수행을 가르치던 수행자를 생각하고 찾아갔지. 그러나 이미 그들은 죽은 뒤였어.

다음으로 석가모니는 바라나시 녹야원으로 가서 예전에 같이 고행한 다섯 명 수행자를 찾아가. 그들은 고타마가 고행주의를 포기하자 타락했다고 비난했던 사람들이야. 그들은 다가오는 고타마를 아는 체 않기로 했으나, 진리를 깨달은 자의 위엄과 후광에 압도되어 그들 자신도 모르게 일어나 머리를 숙이고 최초의 제자가 되었어.

이로 불교의 최초 교단이 생겼고 제자들에게 처음 설법하셨어. 비로소 불교의 세 가지 보물이라는 불법승(부처님, 가르침, 제자)이 갖추어진 거지. 이것이 불교의 탄생이야.

석가모니는 점차 주위에 모여드는 제자들과 함께 인도에서 가장 세력이 컸던 마가다국과 코살라국 두 곳을 중심으로 인도 전역을 걸어 다니시면서 가르침을 전하셨어. 이제 과거의 영화로운 삶을 완전히 버리신 거야.

다섯 명 제자 후 당시 인도에서 유명한 종교가들과 부자들도 많이 입단했고, 여러 왕도 불교 신도가 되었어. 마가다국에서 유명했던 카사파라는 삼형제는 불을 섬기는 바라문이었는데 석가모니가 탐냄, 성냄, 어리석음을 불에 비유하여 번뇌의 불을 끄도록 일러주자 형제들이 감화를 받아 그들의 제자 1,000명과 함께 입단했어. 이로써 많은 왕과 왕족, 신하가 불교에 귀의하였어. 어떤 왕은 부처님을 위하여 성 근처에 사원을 지어 바쳤는데 그것이 불교 최초 사원인 죽림정사였어.

이어 바라문교의 사리불과 목건련이라는 사람이 불교 교단에 들어왔어. 그들이 입단하자 동료 250명도 같이 들어왔어. 사리불과 목건련은 나중에 부처님의 10대 제자가 되어 불교 교단의 지위 확립과 확대에 큰 기여를 했어.

이후 석가모니는 가르침을 전하기 위해 인도 여러 곳을 다니시다가 고향인 카필라국도 방문하게 돼. 소식을 들은 아버지 정반왕은 너무도 기뻐하며 아들을 맞이했는데, 웬걸? 이복동생 아난다와 석가모니의 아들인 라훌라까지 출가시키고, 고타마를 키워준 어머니와 부인이었던 야쇼다라마저 나중에 출가하여 최초의 여성 출가자가 되었어. 그뿐만 아니라 여러 명의 사촌 동생과 카필라국의 많은 신하와 사람들도 출가시켰어.

다 인 맙소사. 예언가가 말했던 것이 들어맞았네. 아버지는 야밤에 몰래 도주한 아들이 그동안 너무 보고 싶었을 테고, 반가운 마음에 가슴 설레며 맞이했을 텐데, 나라를 이을 손주까지 데리고 가버렸으니 정반왕은 진짜 참담했겠다.

할머니 그랬을 거야. 하지만 카필라국 사람들이 그만큼 부처님의 가르침에 감화를 받았다는 뜻이기도 해. 또 하나 중요한 사실이 있어. 석가모니는 출가자를 받을 때, 카스트 계급을 상관하지 않으셨어. 사람이 귀한 것은 계급에 있지 않고, 행위가 귀한 것에 있다고 하며 어떠한 신분도 상관없이 받으셨어. 이는 기존의 바라문교와 완전히 다른 획기적인 변화였어. 출가에 있어 신분의 높고 낮음을 전혀 따지지 않았던 것은 그야말로 혁명적 발상이었지.

부처님은 여름 장마기에는 사원에 머물면서 안거(수행자가 일정 기간 동안 사찰에 머물며 공동 수행하는 것)에 들어가 제자들을 지도하였고, 건조기에는 제자 아난다와 함께 80세가 될 때까지 45년간 인도 전역을 걸어 다니시며 가르침을 전하셨고, 길이나 나무 아래에서 주무셨어.

그러다 비극적인 두 가지 사건을 겪게 돼. 하나는 석가모니께서 출가시킨 사촌 동생 데바닷타가 부처님을 배반했던 사건이고, 또 하나는 샤카족이 완전히 멸망해

버린 사건이야. 데바닷타는 마가다왕국의 왕자와 모의하여 석가모니를 살해하고 교단을 뺏으려고 했으나 실패해. 그러자 바로 지옥으로 떨어졌다는 전설이 전해지고 있어.

두 번째 비극은 코살라국의 왕이 어릴 때 샤카족에게 당한 수모를 갚기 위하여 카필라국을 침공하려 했어. 이 소식을 들은 때마다 석가모니께서 코살라국 왕이 지나가는 길목에서 세 번이나 군대의 진입을 막았으나, 어느 날 더 이상 막는 것이 불가능하다고 판단하셨지. 결국 코살라국 왕은 카필라국을 침공하여 수많은 샤카족을 살해하는 비극이 일어났고 부처님의 마음이 무척이나 아프셨어.

그렇게 시간이 흘러 어느덧 석가모니께서 80세가 되셨어. 45년간의 긴 세월 동안 인도 전역을 순회하고 여행하던 석가모니는 자신의 수명이 다 되었음을 느껴. 그래서 태어난 고향을 향해 최후의 여행을 떠나셔. 그런데 도중에 신도가 올린 음식을 드시고 식중독에 걸려 심한 설사로 고생하게 돼. 이후 3개월이 지나 석가모니께서는 자신이 곧 열반에 들 것을 제자들에게 말씀하셔. 말씀 후 쿠시나가라의 사라쌍수라는 나무 아래에서 머리를 북쪽으로 두고, 오른쪽 옆구리를 바닥에 대고 누우셨어. 늙고 병들어 최후를 맞이하는 부처님을 바라보며 평생 부처님을 옆에서 모신 아난다가 통곡했지.

아난다가 "어찌하여 부처님께서는 열반에 드시려 합니까? 저희는 지금까지 부처님만 의지해 살아왔는데, 앞으로 우리는 누구를 의지해 살아가야 합니까?"라며 울자, 이런 아난다를 달래며 제자들에게 유언을 남기셨어.

"나의 입멸을 슬퍼하지 말라. 육신은 반드시 사라지는 법이니라. 내 비록 육신은 사라진다 해도 내 법신은 사라지지 않느니라. 법신이란 내가 설한 진리와 최상의 깨달음을 말한다. 내가 입멸한 후 너희는 내가 말한 진리와 계율을 스승으로 삼아 살아가거라" "나를 의지하지 말고 너희 자신에게 의지하고, 진리에 의지하라" "태어나고 시작한 모든 것은 반드시 사라지고 끝나는 법이다. 모든 것은 덧없다. 그러니 게으르지 말고 부지런히 정진하라"는 말씀을 남기시고 선정에 든 채 돌아가셔.

제자들과 신도들은 부처님 유해를 7일 동안 전시한 다음, 관에 넣어 장작더미에 올려 화장하는 방식(다비식)으로 장례를 치렀어. 다비 후 재 속에서 부처님 사리를 수습하여 여덟 나라로 나누어 주었고, 각 왕이 자기 나라로 돌아가 사리탑을 세웠지. 이제 부처님이 안 계시니까 부처님을 대신하는 사리를 모심으로써 탑을 숭배하는 불탑 신앙이 나타나게 돼.

부처님의 죽음을 입멸 혹은 열반이라 하는데, 그렇게 자신의 부귀영화를 모두 버리고, 평생 동안 대중들에게 가르침을 전하시다가 떠나셨어.

다 인 마음이 숙연해져. 부모가 그토록 반대하는 길을 선택하셨지만, 끝까지 책임을 다하신 것 같아.

할머니 그래, 맞아. 최근에 불교를 믿는 여러 나라가 후원해서 석가모니 부처님의 말씀을 기억하며 살아갈 수 있도록 인도에 불교 성지를 조성했어. 석존의 생애와 관련하여 인도에 4대 불교 성지를 만들었는데, 많은 불교 신자가 찾고 있지. 4대 성지는 부처님이 태어난 룸비니, 깨달음을 얻은 보드가야, 최초로 설법하신 사르나트(녹야원), 열반에 든 쿠시나가라이야. 현재 인도와 네팔 국경 지역에 나뉘어 있어.

3부

부처님이 돌아가신 후 불교는 어떻게 되었어요?

09

부처님이 돌아가시고 나서 불교는 어떻게 되었어요?

다 인 부처님께서 돌아가시고 나서 불교는 어떻게 되었어?

할머니 부처님은 떠나셨지만, 불교가 인도 전역으로 퍼지며 교리 연구가 많이 활발해져. 그런데 교리 해석에 차이가 생기면서 불교의 교단이 분열해. 이 시대를 부파불교 시대(기원전 500~100년)라고 해. 여러 파로 나뉘었다는 뜻이야.

부파불교는 다소 문제점을 안고 있어. 교리 연구는 크게 발전했으나 너무 복잡하고 어려워서 일반 대중이 이해하기 힘들었어. 그리고 교리 연구에 뛰어난 스승 밑으로 제자들이 몰리고 각 부파가 만들어졌는데, 각자가 연구한 교리를 서로 교환하거나 소통하기가 매우 힘들었어. 인도 땅이 워낙 넓어서 왕래가 힘들었던 것이지. 결국 20개 부파로 갈라지고 저마다 승단을 만들고, 계율 해석에서도 보수적 입장과 진보적 입장이 갈등하며 논쟁하지.

석가모니께서 돌아가시고 100년 정도 지나자 불교는 널리 퍼져 교단이 크게 확대되었어. 그러다 보니 같은 계율을 적용하여 많은 교단을 통제하기가 힘들어졌어. 그래서 계율을 둘러싸고 대립과 논쟁이 생기고 분열이 시작된 거야. 논쟁이 일어난 다른 이유로 사회 변화에 따라 수행자의 생활환경도 바뀌었는데 계율이 시대에 맞지 않은 부분도 있어.

다 인 아, 교단이 분열했구나. 그런데 부처님이 떠나셨는데 무얼 가지고 연구할 수 있었어? 뭔가 연구하고 논쟁하려면 기록이 있어야 하는데, 그때 책이 있었나?

할머니 와우, 다인이 진짜 예리하다. 물론 처음에는 책이 없었지. 당시 제자들은 부처님께서 말씀하신 가르침을 전부 외웠어. 석존께서 여러 곳을 다니시며 설법하셨잖아? 그래서 가르침을 들은 제자들이 매우 많았지. 그렇게 저마다 들은 것을 외워서 다른 사람들에게 전하는 방식으로 교리를 연구한 것이야.

부처님께서 열반하시자 제자들이 모두 한 장소에 모였어. 각자 기억하는 부처님의 말씀을 '나는 이와 같이 들었다'라고 발표하면, 모인 제자들이 '그게 맞는다'라고 동의한 내용들만 함께 다시 외우며 기억했던 거야. 이를 합송이라고 해. 대부분 외우기 쉽도록 시나 짧은 산문 형식으로 만들어 외웠어.

이렇게 부처님에게 들은 가르침을 기억한 제자들이 모여 합송한 모임을 결집이라 해. 총 4차에 걸쳐 결집을 실행했다고 해. 후세에 널리 부처님의 말씀을 전하려고 시작한 일이야.

그런데 2차 결집 때부터 분열이 생기면서 결집도 따로 하게 되었어. 각 부파가 주장하는 학설이 조금씩 달랐고, 각자의 스승을 중심으로 승가를 만들다 보니 함께 모여 결집하는 일도 어려워진 거지.

또한 2차 결집까지는 합송하는 방법으로 외워서 대중에게 전했지만, 세월이 흘러 부처님의 말씀을 직접 들은 제자들도 하나둘 돌아가시자 힘든 일이 되어버렸어. 그래서 3차 결집부터는 문자로 경전을 만들기 시작해.

그렇게 경전을 만든 동기가 있어. 부처님께서 돌아가시고 약 200년이 지난 아쇼카왕(기원전 286~232년) 때

외부인이 승가에 들어와 교단을 타락시켰어. 그래서 아쇼카왕이 1,000명의 불교 수행자를 소집해서 경전을 편찬하도록 결집을 주최했어.

당시에는 종이가 없었으니까 패엽경이라 하여 나뭇잎에 가르침을 기록했지. 하지만 나뭇잎이 마르면 금방 부서지잖아? 그래서 나무나 큰 바위에 기록하기도 했어. 좀 더 시간이 지나 종이가 생겼고 경전이 만들어졌지. 수백 년 동안 입에서 입으로 전해진 가르침이 제자에서 다음 제자로 전해지는 과정에서 어떤 내용은 늘어나기도 추가되기도 없어지기도 하면서 한참 지나 지금의 경전이 된 거야.

그런데 경전이 무슨 뜻이냐 하면, 경이란 스승에게서 제자에게로 전해지는 말씀을 가리키는 단어야. 결집을 통하여 차츰 정리되고 형식을 갖추어서 '경'으로 부르게 되었지.

경(經)은 수트라(Sūtra)를 번역한 말인데, 본래 의미는 실로 꽃을 엮어 화환을 만드는 것처럼 부처님이 설한 가르침을 묶어서 흐트러지지 않게 한다는 뜻이야.

대다수 경전 첫머리가 "내가 이와 같이 들었다(여시아문)" 문구로 시작해. '이 경전은 석존으로부터 들은 것이니 부처님의 말씀이 틀림없다. 부처님이 직접 설한 내용이다'라는 것을 증명하기 위한 것이었어.

다 인 아, 그렇구나. 그런데 제자들이 처음에는 그 많은 내용을 다 외워서 전했다니 놀라워. 당시 제자들의 암기력은 진짜 최강이네. 지금 태어났으면 수능시험 완전 탑이겠는걸.

할머니 하하하, 정말 암기력이 대단했지. 그렇게 부파불교 시대가 지나고 그 유명한 대승불교 시대가 왔어. 그다음, 대승불교가 크게 유행하니까 이에 맞서는 힌두교가 등장해. 이후 불교는 힌두교의 영향을 받아 밀교가 들어서면서 후기 불교 시대를 맞이하지. 그러다 13세기에 이슬람교도가 침략하여 불교 유물들을 파괴하였고, 불교는 몰락의 길을 가게 돼. 그래서 지금 인도의 불교 신자 인구가 5%에 불과하고, 국민 대다수가 힌두교를 믿고 있어.

다 인 인도에서 불교가 거의 사라졌구나. 그럼 지금 불교를 믿는 나라는 어디야?

할머니 인도 불교가 남쪽 아시아로 전해진 지역을 남방불교라고 하는데, 초기 불교 시대의 교리를 따르고 있어. 오늘날 스리랑카, 태국, 미얀마, 베트남, 캄보디아, 라오스

등인데 부처님 당시의 수행 풍토를 잘 보존하고 있어. 동남아로 여행을 가보면 그쪽 스님들은 지금도 탁발하는 발우공양 전통을 지키고 있더라고.

또 다른 흐름은 기원 전후를 중심으로 실크로드가 열리면서 인도의 스님들이 불교를 동쪽으로 전하게 돼. 먼저 중국으로 전해지고, 중국은 한국으로, 한국은 일본으로 불교를 전해. 이 지역을 북방불교라고 하는데 주로 대승불교 교리를 중심으로 신앙하고 있어. 오늘날 한국, 일본, 중국, 대만, 티베트, 몽골 등이 여기에 속해. 불교 발생지 인도에서는 정작 불교가 거의 사라졌지만, 북방불교권과 남방불교권에서는 살아남았지.

그리고 17세기 이후부터 서구에도 불교가 알려지기 시작했어. 19세기에 발견된 아쇼카왕 석주가 불교 연구 붐을 일으킨 면도 있어. 서양으로 전해진 불교는 독일의 관념철학, 실존철학, 현상학, 심리학 등에 적지 않은 영향을 주었어.

최근 독일, 영국, 프랑스, 미국 등 서구에서 불교에 대한 관심과 연구가 매우 활발해서 어떤 면에서는 우리보다 앞서기도 했어. 서구 지식인 사이에서는 불교를 퍽 매력적인 학문으로 생각하더라고.

1960년대에는 미국에서 베트남전쟁에 반감을 가진 대학생들, 젊은이들, 히피들이 한국과 일본을 많이 찾아왔어. 그때 불교를 공부하러 온 청년들이 나중에 유명한 불교학자가 되었거나 스님이 되었어. 이들이 미국으로 돌아가 불교 열풍을 일으키기도 했지. 지금은 미국뿐만 아니라 전 세계에서 불교를 공부하러 한국이나 티베트, 일본, 동남아를 찾고 있어. 그래서 불교는 현재 진행 중이야.

10

대승불교, 소승불교는 뭐가 다른 거예요?

다 인 인도에서 왜 대승불교가 생긴 거야? 힌두교는 또 뭐야?

할머니 소승, 대승이라는 말을 들어보았어? 이게 불교 역사에서 매우 중요한 사건이야.

아까 부파불교에서 연구한 교리들이 대중에게는 너무 어려웠다고 했지? 부파불교가 점점 출가 수행자만의 종교로 되어버리자 신도들로부터 외면받기 시작해. 종교가 지나치게 학문적이고, 교리적이면 대중이 원하는 신앙적 욕구를 만족시키지 못하게 돼.

부파불교는 학문적으로 매우 뛰어났고 교리 해석과 분석에서 큰 공로를 세웠으나, 대중이 부처님에게 가까이 다가갈 방법이 없었으니 종교로서 제 역할을 못했지. 나중에 대승불교가 가장 크게 비판했던 것도 이 점이었어. 종교는 대중에게서 멀어질 때가 가장 큰 위기이야.

석가모니 부처님 생존 당시와 열반 직후에는 불교가 널리 퍼져 불교가 대세를 이루었던 반면에, 브라만교는 상대적으로 많이 위축되었어. 그런데 부파불교가 점점 대중으로부터 멀어지자, 이때를 놓치지 않고 브라만교가 반격을 가해. 브라만교가 과거 인더스 문명의 토속 신앙을 받아들여 새로운 종교를 만들었는데 그것이 힌두교야. 힌두교는 주로 시바신과 비쉬누신을 숭배하고, 모든 만물에 신이 있다고 보는 종교야. 그래서 힌두교가 대중에게 큰 인기를 얻게 돼.

이번에는 힌두교의 교세에 눌려 힘을 잃고 있던 불교 쪽이 힌두교가 대중화되자 자극을 받아. 그때 마침 상공업과 화폐경제 발달로 경제력을 가진 신도들이 나타나 새로운 바람을 일으켜. 그들이 '우리도 부처님처럼 깨닫자'는 운동을 펼치기 시작한 거야.

그들은 부파불교에 불만이 있었어. 불탑에 모여 예배하고 기도하던 스님들과 함께 '왜 출가 수행자만 깨단

는가? 우리도 깨달음을 얻자. 부처님의 근본정신으로 돌아가자'며 혁신적 운동을 벌였으니, 그것이 대승불교 운동(기원전 100년~기원후 7세기)이야.

대승운동을 일으킨 사람들은 자신을 '부처님의 자비정신을 계승하고, 깨달음을 이루어 중생을 구제하는 보살'로 생각했어. 보살의 원어가 '깨달음을 구하는 자'라는 뜻의 '보디사트바(bodhisattva)'야.

'보디사트바'가 나중에 중국으로 가면서 '보리살타'로 바뀌었고, 더 줄여서 '보살'로 된 거지. 보살들은 그들의 사상을 담아 새로운 경전을 만들었는데 그것이 대승경전이야. 이때부터 보살은 자신들을 대승이라 하고, 이전의 부파불교를 소승이라고 낮추어 불렀어.

다 인 아하, 그래서 소승, 대승이라는 말이 생겼구나.

할머니 대승(大乘)은 마하야나(Mahāyāna)로 깨달음으로 향하는 큰 수레를 의미해. 소승(小乘)은 히나야나(hinayāna)로 작은 수레라는 뜻이야.

대승주의자들이 주장하는 대승과 소승의 교리적 차이는 다음과 같아.

'소승의 수행 목적은 자신만의 깨달음을 추구하지만, 대승은 자신뿐만 아니라 모든 중생의 깨달음을 추구한

다'며 부파불교를 비판해. 소승의 수행 목적은 아라한이라는 성인이 되는 것이었지만, 대승불교의 수행 목적은 부처가 되는 것이라고 강조하고 있어.

소승은 출가수행자 중심의 불교이지만, 대승은 재가신자 중심의 불교라는 거야. 그리고 소승은 부처님이 석가모니 부처님 한 분만 등장하지만, 대승에서는 석가모니 이외 아미타불, 약사여래, 비로자나불, 미륵불 등 많은 부처님이 등장해.

또한 '소승은 이론적이고 학문적이지만 대승은 실천적이다'라며 여러 가지 차이점을 주장했어. 하지만 그것은 당시 상황이고, 오늘날의 남방불교 모습을 보면 그 기준으로 판단하는 것은 좀 무리라고 생각해. 남방불교권의 스님들을 보면 초기 불교 전통과 교리를 따르고 있으나, 수행을 열심히 하면서도 대중을 위하여 설법도 하고, 교화에도 적극 참여하고 있거든.

여하튼 대승불교가 들어서고 이후 힌두교가 대중에게 큰 인기를 얻자, 힌두교의 주술적 요소와 의례적 부분을 받아들여 불교 안에 밀교가 등장해. 이것이 인도의 후기 불교 시대(7~13세기)에 일어난 일이야. 밀교 시대에는 부처님이 깨달은 세계를 그림으로 표현한 만다라나 다양한 주문이 많이 생겨났어. 그래서 그 유명한 천수경이라는 경전에 '수리수리 마하수리 수수리 사바하' 주문이 들어간 거야.

다 인 그 '수리수리 마하수리 수수리 사바하'가 무슨 뜻이야? 애들이 장난으로 마술을 걸 때 쓰던데.

할머니 그것은 고대 인도말을 그대로 표기한 주문인데, 이를 '다라니'라고 해. 원하는 소원을 발원하기 위해 마음을 모으고 입을 깨끗이 정화한다는 뜻이야. 입을 정화해야 우리의 마음과 정신도 맑아져서 원하는 소원을 이룰 수 있다는 것이지. 그리고 옳지 않은 말을 했거나, 남을 욕했다면 즉시 나의 입을 깨끗하게 씻어낸다는 의미도 있고.

다 인 그렇구나. '수리수리 마하수리'가 진짜 마법이었구나!

11

불교가 중국으로 어떻게 전해진 거예요?

다 인 오늘은 불교가 중국으로 전파된 과정을 알고 싶어.

할머니 그래, 알겠어. 근데 중국 역사를 알아야 이해하기 쉬울 걸. 도표를 만들면 좋을 것 같아.

기원전 1~2세기경에 인도 불교가 중앙아시아를 거쳐 중국에 전해져. 불교가 중국으로 전래된 배경에는 매우 중요한 역사적 사실이 있어. 바로 실크로드야. 기원전 2~3세기부터 실크로드(유럽-인도-서역-중국)를 왕래하던 상인들이 길을 개척했는데, 이 길을 통해 불교를 신봉하던 서역인(오늘날 카자흐스탄, 키르기스스탄, 투르크메니스탄, 우즈베키스탄, 아프카니스탄, 이란 등 중앙아시아로서 실

❖ 중국의 불교 역사

춘추전국시대	B.C. 722~221년. 제자백가(노자, 공자, 장자, 맹자, 순자, 음양오행가) 사상 등장.
진(秦)	B.C. 221~207년. 진시황제 통치.
한(漢)	B.C. 206년~A.D 220년. 기원전 1세기 전한시대에 불교 도입.
위촉오 삼국시대	A.D. 220~280년. 불교 전파 시대.
진(晉)	265~419년. 구마라집의 다수 경전 번역.
남북조(南北朝)	420~589년. 불교 연구 시대. 경전 연구로 다양한 학파 등장.
수(隋)	589~618년. 불교 연구 시대.
당(唐)	618~907년. 불교 최고 번영 시대, 다양한 종파 성립.
송(宋)	960~1279년. 불교와 성리학의 상호 교섭 시대.
원(元)	1280~1368년. 몽골 통치 아래 라마교 성행 및 도교 발전.
명(明)	1368~1644년. 불교 쇠퇴 및 성리학 우세.
청(淸)	1644~1911년. 만주 정권 통치 아래 불교 침체.
중화민국	1912~1948년. 불교의 여러 종파와 민간신앙이 융합.
중화인민공화국	1949년~현재. 공산당의 종교 부정 및 불교 부흥 노력.

크로드 동서 교역의 중심지였다)들이 중국으로 이주하기 시작했어.

처음에는 인도 불교가 중국으로 직접 들어온 게 아니라, 인도의 불교가 서역으로 전해지고, 그 서역 불교가 중국으로 들어온 것이지. 그래서 중국의 불교 유물들을 보면 서역 문화로부터 많은 영향을 받은 게 보여. 오늘날의 불상 모습도 서역 간다라 지역의 영향을 받은 거야.

실크로드 길에는 육로와 해로가 있었는데, 육로의 경우 중간에 거대한 타클라마칸 사막과 곤륜 산맥을 뚫고 가야 했어. 죽음을 각오해야 할 만큼 험난했지. 지금도 사막에서 그때의 해골들이 발견되고 있거든. 그리고 해로는 주로 무역선을 타고 갔으나, 풍랑을 만나 침몰하기도 했고. 그렇듯 역사는 개척자들의 어마어마한 희생과 의지로 이루어진 거지.

그런데 불교가 들어오기 이전 중국에는 당시 여러 철학이 있었어. 하, 은, 주라는 고대국가를 거쳐 춘추 · 전국 시대가 되면 제자백가 사상가들이 나타나. 그 유명한 노자, 장자, 공자, 맹자, 순자, 음양오행가, 법가 등 100가지 철학이 등장해서 '제자백가'라고 한 거야.

제자백가 사상이 이미 유행하고 있었기 때문에 불교가 중국에 처음 들어올 때, 도교(노자, 장자)와 유교(공자, 맹자)와 갈등을 빚었어. 그래서 중국 역사는 항상 유교, 불교, 도교 삼자가 대립하며 논쟁하기도 했고, 때로는 융합하기도 하는 등 서로에게 큰 영향을 미쳐. 대립 혹은 융합을 통해 서로 영향을 주고받으며 각자의 교리가 발전하는 계기가 된 것이지. 중국은 그야말로 세 가지 종교 간 경쟁과 대결의 역사였어.

중국의 불교사를 간단히 말하면, 기원 전후를 중심으로 불교 도입 시기, 4세기 말까지는 불교 전파 시기, 6세기 수나라까지 불교 연구 시기, 8세기 중반까지 당나라 때는 불교 최고 번성 시기, 12세기 초 송나라 때는 불교 계승 시기, 원나라 때는 밀교 유행 시기, 명나라 때는 불교 쇠퇴기, 이후 사회주의 혁명이 일어나면서 불교가 몰락하는 시기가 왔어. 그런데 2000년 이후 중국이 신실크로드 부활을 내세우며 불교를 다시 진흥시키려고 노력하는 상황이야.

다 인 아, 실크로드가 불교 전래에 큰 역할을 했구나. 중국 어느 왕 때 불교가 들어왔어?

할머니 여러 설이 있는데 가장 유력한 것은 후한시대이야. 기원후 67년에 명제라는 왕이 서쪽에서 광명이 비추더니 궁전으로 내려오는 꿈을 꾸었대. 그전부터 서역에 불교가 있다는 것을 들었던 왕은 꿈을 꾸고 나서 바로 신하를 서역으로 보내 불교를 알아오도록 명했어.

명을 받은 신하가 인도로 가던 중에 하얀 말을 타고 불교 경전과 불상을 싣고 오던 가섭마등과 축법난이라는 스님을 만나지. 그들과 함께 중국으로 돌아오자 왕이 무척 기뻐했어. 그래서 왕이 백마사라는 절을 지어 두 스님이 살게 했고, 그곳에서 경전을 한문으로 번역하도록 하였어.

그러나 이 설은 문헌상 기록이고, 사실상 중국에 불교가 들어온 때는 훨씬 더 전으로 보아야 해. 전한시대의 무제라는 왕이 불상을 황궁에 모시고 예배했다(기원전 121년)는 설도 있거든. 그로 보면 서역에서 건너온 상인과 스님들에 의해 중국에 이미 불교가 알려졌던 거지.

다 인 아하, 불교가 중국으로 전해진 시기는 기원전으로 보아야 하는구나. 그럼 백마사에서 불교 경전을 처음 한문으로 번역한 거야?

할머니 물론 그때부터 한문 번역을 시도했지만, 번역문이 본격적으로 널리 알려진 것은 더 후대야. 중화사상 때문에 타국 문화가 들어오면 한문으로 번역부터 했어. 그래서 중국 불교 역사는 번역의 역사라 해도 틀리지 않아.

불교가 중국에 들어온 시기를 기원 전후부터 기원후 4세기까지로 보는데, 서역 출신 스님들이 경전을 많이 들고 와서 본격적으로 경전을 번역해. 그 시기에 지루가참, 지겸, 안세고, 축법호라는 서역 출신 스님과 중국의 석도안, 혜원 스님이 번역가로 유명했어.

처음에는 불교 용어를 주로 노자의 도교에서 나오는 용어로 번역했어. 이를 어려운 말로 '격의불교'라고 해. 예를 들면 한문 경전 안에 처음부터 공(空)이라는 말이 사용된 게 아니야. 인도 불교의 '수나타(Śūnyatā)'를 번역할 만한 적당한 한문이 없었는데 이를 노자의 무(無)로 이해해서 '수나타'를 그냥 '무'라고 번역했어. 시간이 흐른 뒤 구마라집이라는 번역가에 의해 '수나타'를 '공'으로 번역할 수 있었지.

불교 용어를 도교의 언어로 이해하여 번역하는 데는 문제가 있어. 종교 사상이 다르고 의미가 다르기 때문이야. 격의불교의 잘못된 번역 방식을 고치려고 석도안 스님과 혜원 스님이 많이 노력했어.

불교가 중국 전역으로 알려지자 유교는 상대적으로

위축돼. 진(秦), 한(漢) 나라의 멸망과 오랜 기간의 전쟁으로 지친 백성들에게 불교는 위안이 되었어.

이어 불교 연구 시대로 가면서 불교사에 매우 중요한 일들이 벌어져. 첫 번째 사건은 동진시대 최고 번역가였던 서역 쿠자국 출신의 '구마라집'이라는 스님이 401년 중국 장안에 도착하면서 수많은 대승경전을 한문으로 번역한 거야. 당시 구마라집이 워낙 유명해서 여러 왕이 모셔 가려고 치열하게 경쟁했어. 심지어 전쟁까지 벌였어. 지금의 BTS의 인기 못지않았을걸.

여하튼 중국에서 번역의 역사는 구마라집 이전과 이후로 나뉠 만큼 돌풍이 일어나. 구마라집에게 3,000명에 달하는 제자가 있었는데, 그들 모두 인도 원전이 아닌 한문으로 번역된 경전으로만 공부했다 하더라고. 구마라집의 한문 번역이 없었다면 오늘날 우리가 보는 불교 경전은 구경할 수도 없었을 거야. 엄청난 업적이지.

두 번째 사건은 다양한 학파들이 등장했다는 점이야. 각자 중요하게 생각하는 경전이 달랐고 저마다 우선순위를 정했기 때문에 학파가 생겨났지. 초기 불교 경전, 대승 경전 할 것 없이 워낙 많은 경전이 한꺼번에 중국으로 쏟아져 들어왔는데, 이를 체계적으로 정리해서 순서를 두어 읽을 필요가 있었지. 이 때문에 수나라를 거쳐 당나라 때는 수많은 종파가 생겼어.

그처럼 상층부에서는 많은 경전을 번역했지만, 하층부에서는 불교의 대중화가 이루어져. 불교가 중국 전통 풍습과 융합되면서 다양한 법회가 만들어지고 행사도 열려. 일부 왕을 제외하고 중국 왕조 대부분이 불교에 심취해서 매우 호의적이었어. 그래서 이루어진 것이 운남석불과 용문·돈황 석굴 공사였어. 요즘도 그곳에 여행을 가면 볼 수 있지.

다음으로 수나라를 거쳐 당나라에 이르면 불교가 최고로 번성하는 시대를 맞이해. 이 시기를 불교의 황금시대라고 하지. 수나라 때 혜원, 천태, 길장 스님이 유명하였는데, 특히 천태 스님은 중국 불교의 교리와 수행법의 기초를 마련하신 분이지. 이로 중국에 천태종이 생겼고, 이 천태종이 고려시대 때 들어와 오늘날 한국 천태종의 뿌리가 되었어.

다 인 안 그래도 불교는 왜 그렇게 종파가 많은지 궁금했어.

할머니 구마라집이 많은 경전을 한문으로 번역하자 각자가 존중하는 경전을 최고의 경전으로 보고 이를 신앙하려는 움직임들이 생기면서 종파가 생겼어. 그래서 종파 간에 수행하는 방법이나 교리적인 차이가 조금씩 있어. 물론 부처님의 가르침에는 근본적으로 차이가 없지만 말이야.

이전에는 학파 정도로 나뉘어 있었지만, 당나라 때 종파가 본격적으로 형성돼. 실크로드가 최고로 활발한 시기도 당나라 때였는데 중국의 비단과 도자기가 중앙아시아, 유럽까지 전해져 당시 당나라가 아시아의 최고 강국으로 부상하던 시기였지. 여러 종파가 생긴 것도 그만큼 당나라의 부와 경제적 뒷받침이 가능했기 때문이라고 볼 수 있어.

각 종파는 각자 존중하는 경전을 가장 높은 위치에 두고 신앙했는데, 화엄종은 화엄경을, 천태종은 법화경을, 정토종은 아미타경을, 열반종은 열반경을 최고 경전으로 여겼지. 그와중에 전혀 다른 종파가 만들어지는데 그게 선종이야. 선종은 경전 공부보다 참선 수행을 중시했어. 그 선종을 일으킨 분이 혜능대사라는 분이야.

선종의 시작은 인도에서 건너온 달마대사였어. 달마대사가 중국에 와서 선종의 시조가 되어 6조 혜능대사까지 이어진 거야. 그래서 '달마가 동쪽으로 간 까닭은'이라는 유명한 말이 생겨났지.

다 인 아하, '달마가 동쪽으로 간 까닭'이라는 말이 거기서 나왔구나. 달마대사는 어떤 분이셨어?

할머니 달마의 본명은 보리달마(Bodhi Dharma)야. 남인도 천축국 왕의 셋째 아들이었어. 중국 남조시대 양나라 때 인도에서 건너왔는데, 중국 광주에 도착할 때까지 갈대를 꺾어 타고 왔대. 돌아가실 때 한쪽 신발만 가지고 서쪽 하늘을 향해 사라졌다고 해. 소림사에서 9년간 벽만 바라보는 수행을 하여 520년에 깨달음을 얻었다고 하고.

달마도 그림을 보면 달마가 눈을 무섭게 부릅뜨고 있는데, 수행 중 졸음을 이기지 못해 눈꺼풀이 내려앉자 아예 눈꺼풀을 잘라버려서 그렇다는 거야. 잘라버린 눈꺼풀은 차(茶)나무가 되었대. 그래서 차를 마시면 잠이 깬다고 해.

다 인 헐, 아예 눈꺼풀을 잘랐다고?

할머니 하하하, 그리고 달마도 그림을 보면 달마대사가 엄청 못생겼잖아? 근데 원래 그렇게 못생기지 않았다네. 미남이었대. 달마대사가 어느 날 길을 가는데 커다란 구렁이가 죽어서 널브러져 있더래. 그래서 구렁이를 치우려고 잠시 유체이탈을 한 거야. 달마의 영혼이 구렁이 몸으로 들어가 구렁이를 멀리 치우러 간 사이에, 얼굴이 못생겨 늘 고민하던 어떤 하늘나라 사람이 영혼이 빠져나간 달마의 몸을 가지고 도망가버렸어. 한참 후 구렁이를 치우고 돌아온 달마는 자기 몸이 사라진 것을 알았지만 찾는 것을 포기하고, 그 못생긴 하늘나라 사람 얼굴로 평생 살게 된 거래.

여하튼 달마대사가 선종의 1조이고, 2조가 혜가, 6조가 혜능이야. 달마대사는 "가르침이란 마음으로 마음을 전하는 것이니 문자를 세우지 않는다"고 말했어. 이러한 정신이 선종으로 계승된 거야.

우리나라 신라 말기에 여러 스님이 당나라로 유학을 가서 선종을 배우고 돌아오면서 우리나라에 선종이 전해져. 지금 중국에는 선종이 사라졌으나, 한국에서는 오늘날까지 불교 수행의 전통을 지켜오고 있지. 한국 조계종의 '조계'가 6조 혜능대사가 머물던 중국의 산 이름이었다는 것도 알아두면 좋겠네.

모든 것이 융성했던 당나라가 무너지면서 중국에서 불교가 서서히 쇠퇴해. 당시 인도 불교도 힘이 약해진 상황이었어. 인도의 밀교 기도법이 유행해서 중국으로 들어오기는 했지만, 중국에서 밀교가 하나의 종파로 형성될 만큼 성장하지는 못했어.

다음 송나라 때는 불교 사원에서 특이한 규정이 생겨. 인도의 스님들은 생산 노동에 전혀 참여하지 않았는데, 송나라 때 스님들은 자급자족의 생활 규정을 만들어 사찰 내에서 생산 노동에 참여하는 것을 수행으로 생각하고 적극 참여했어. 이 점이 인도와 달랐지. 또한 송나라 때 모든 경전을 모아 대장경으로 편집하였고, 이를 송판에 새겨서 인쇄하는 대사업도 벌였지. 이것이 우리나라 고려시대의 팔만대장경에 영향을 주었고.

몽골족이 지배하던 원나라 때는 티베트 불교를 받아들여 밀교 사원과 밀교 스님이 많아졌어. 다음 명나라 때는 유교, 불교, 도교가 교섭하던 시기야. 이때는 불교의 특색도 사라지고 더욱 힘을 잃게 돼. 이후 청나라, 중화인민정부가 들어서면서 불교는 완전히 몰락의 길을 걷지. 단지 대만에서만 오늘날까지 국민 대다수가 불교를 신앙하고 있을 뿐이야.

12

불교가 우리나라로 들어온 것은 언제예요?

다 인 우리나라는 언제 불교가 들어왔어?

할머니 한반도의 불교 역사를 알기 전에 불교 이전에 어떤 종교들이 있었는지부터 알아야 할 것 같아. 그래야 불교가 들어온 이유가 설명되니까.

한반도의 고대 신앙은 하늘, 해와 달, 별, 구름과 바람, 비와 눈, 산과 바다, 강물과 벌판, 나무와 바위 등 모든 자연현상이 신에 의한 것이라 믿었어. 자연으로부터 받는 재앙이나 가뭄, 홍수, 폭풍우, 벼락, 전염병을 모두 신의 노여움이나 인간에게 내리는 벌로 생각했지.

그래서 하늘에 제사를 지내 자연 재난을 극복하고,

재앙은 막고 복을 부르는 의식을 열었어. 그것이 5월 하순과 10월 추수 뒤에 열렸던 제천행사야. 하늘과 모든 신에게 빌기 위해 제사를 지낸 거지. 이 제천의식은 삼국시대가 불교를 받아들인 후에도 이어졌어.

한반도 역사 안에서 종교의 변천 과정을 간단히 말할게. 고조선과 부족연맹 국가(부여, 고구려, 옥저, 동예, 삼한)는 천신사상으로 하늘과 자연신을 숭배하던 시대, 삼국시대는 불교를 도입한 시대, 고려시대는 국가불교 시대, 조선시대는 숭유억불 시대야. 그런데 조선시대는 겉으로 유교를 받들었지만, 왕실 내부에서는 불교를 배척하지 않았어. 그래서 조선시대를 외유내불(外儒內佛)의 시대라고도 해.

다 인 그러니까 삼국시대에 불교가 들어온 거네?

할머니 응, 역사책에 나와 있듯이 고구려는 소수림왕 372년, 백제는 침류왕 384년, 신라는 법흥왕 527년에 불교를 받아들였다고 알고 있지. 그렇지만 이것은 공식적인 전래이고, 그전에 불교가 들어와 있었어. 실크로드를 통해서 서역과 중국과 한반도 간 무역 거래와 사람들의 왕래가 많았기 때문에 불교 공인화 전에 삼국의 왕과 민간인은 이미 불교를 알고 있었다고 해.

혹시 '신라'라는 말이 무슨 뜻인지 알아? 불교의 '계율'을 뜻하는 Sila에서 온 말이야. 그러니까 신라는 부처님이 정하신 계율을 지킨다는 뜻이지. 그래서 신라를 부처님의 나라, 불국토라고 말해.

다 인 아하, 신라가 그런 뜻이었구나.

할머니 불교가 들어온 시기가 조금씩 다르지만, 삼국시대 불교에는 공통적인 특징이 있어. 이것은 알아둘 필요가 있어. 역사 시험에도 자주 나오니까.

첫째, 삼국 각각이 불교를 적극적으로 받아들인 이유는 왕권을 강화하여 중앙집권제 국가 질서를 새롭게 만들기 위해서였어. 이전의 부족연맹 국가시대는 천신사상이 지배했는데, 제천행사와 같이 하늘에 제사를 지내거나 의례를 행할 때 이를 주도하던 신녀의 권한이 왕의 권한보다 훨씬 강했거든. 그래서 천신을 숭배하던 신녀와 귀족은 불교가 들어오는 것을 크게 반대했어.

반면에 삼국시대 초기 왕들은 왕권을 강화하기 위해 여러 부족의 권력층과 천신의 힘을 약화시킬 필요가 있었지. 그러기 위해 권력구조를 바꾸고 백성들을 통합하고 통치할 수 있는 새로운 이데올로기가 필요했지. 그게 불교와 딱 맞아떨어졌어.

천신 신앙을 유지하려는 신녀와 귀족층, 이와 반대로 불교를 적극 수용하려는 왕과의 대립은 정치적으로 아주 민감한 문제였어. 단순히 종교가 달라서가 아니라 권력 싸움이었으니까. 그래서 삼국의 왕들은 자신을 하늘을 다스리는 천자로 인식시키는 탄생 설화를 만들어. 그것이 고구려의 고주몽, 백제의 온조왕, 신라의 박혁거세 탄생 설화야. 탄생 설화를 통해 백성들로부터 왕위의 정당성을 확보하고, 지방 귀족을 제압하고자 했지.

그러나 탄생 설화만으로 귀족들을 통합하기에는 역부족이었어. 그래서 불교의 '전륜성왕(무력이 아닌 부처님의 가르침으로 세계를 통일하고 통치하는 왕)' 개념을 끌어들여 왕에게 굴복하도록 했고, 중앙집권 체제 강화를 위해 불교를 보다 적극적으로 도입했어. 그런 도입 과정에서 신라 법흥왕 때 이차돈이 순교하면서 불교가 공식화된 거야.

둘째, 4세기부터 도입된 삼국시대의 불교는 국가의 이익을 최우선으로 하면서 백성들이 복을 받아야 나라가 태평성대를 이룬다고 생각했어. 그래서 삼국시대의 불교는 호국불교의 성격이 매우 강하고 적극적인 국가 지원으로 화려한 불교문화와 예술이 피어났어. 불교가 최고 문화이며 철학이었기 때문에 건축물, 사찰, 불상, 탑, 종, 왕관, 도자기 양식에 많은 영향을 미쳤지.

셋째, 삼국시대에 중국에서 불교를 받아들이면서 많은 스님이 당나라로 유학을 떠났고 불교 교리도 크게 발전했어. 그래서 중국에서 유행하던 경전과 학파(삼론, 화엄, 법화, 열반, 법상, 정토)들이 한반도에서도 연구되고 신앙되었어. 이때 뛰어난 스님들이 많이 나오셔서 중국까지 알려졌지. 원광, 자장, 원효, 의상, 승랑 등 헤아릴 수 없을 만큼 많아. 삼국시대 인구수에 비해 훌륭한 스님들이 정말로 많이 배출되었어.

그런데 그토록 많은 인재가 나타나고 많은 경전이 유행해도 삼국시대에는 뚜렷한 종파가 만들어지지 않았어. 교리적으로도 크게 갈등하지 않고 서로 수용적이었기 때문이야. 원효 스님의 화쟁 사상이 그 중심에 있어. 그래서 '한국 불교는 통불교적이다'라고 평가해. 교리적으로 서로 조금 달라도 소통하고 융합하려는 경향이 강해서 통합적이라는 것이지.

오늘날에도 불교는 타 종교나 다른 문화에 공격적이지 않아. 좋은 점은 받아들이려고 해. 또한 전쟁을 일으키는 것은 생명을 다치게 하는 일이기 때문에 전쟁도 피해. 석가모니 부처님께서 돌아가실 때 다투지 말고 화합하라고 당부하셨잖아? 그래서 한국 불교는 여러 사상과 철학과 종교가 있더라도 대립하지 않고 서로를 수용하는 태도를 유지하는 편이야.

넷째, 삼국으로 들어온 불교가 다시 일본으로 전해져서 오늘날 일본 모든 문화의 기초가 되었지. 백제의 성왕이 538년에 일본으로 불상과 경전을 보내면서 일본 불교가 시작되었어.

다섯째, 한반도 불교 역시 실크로드와 밀접해. 중국에서 한반도로 불교가 들어온 길은 육로와 해로가 있었어. 육로는 중국 북쪽에서 고구려로 들어가는 길이고, 해로는 서해를 건너 백제로 온 것과 중국 남쪽에서 한반도의 남쪽 해안으로 들어온 길이야. 이 길은 불교가 들어오는 길이기도 했지만 고구려, 백제, 신라 스님들이 불교를 공부하러 중국으로 가는 길이기도 했어.

통일신라시대가 되면 실크로드 상인들과 함께 인도나 서역 스님들이 직접 신라에 오기도 했고, 많은 스님이 중국, 인도, 서역으로 유학을 떠났어. 유학 가는 길을 도와준 것이 실크로드였고, 그때를 기록한 것이 통일신라 혜초 스님의 『왕오천축국전』이야.

『왕오천축국전』은 신라 성덕왕 727년에 혜초 스님이 쓴 인도 여행기인데, 8세기 인도와 중앙아시아에 관한 기록으로는 세계 유일 자료라고 해. 시험 문제에 자주 나오니까 기억해둬. 현재 파리국립도서관에 보관되어 있어.

당나라 때 장안을 출발해 인도와 페르시아 지역까지 여행한 기행문인데 진짜 어마어마한 거리였지. 『왕오천축국전』의 '천축국'이란 인도를 말하는 것이고, 다섯 개 지역의 천축국으로 여행한 기록문을 뜻해. 이것을 1908년 3월, 프랑스 탐험가 펠리오가 중국에서 발견했는데 원래 3권이었다고 해. 현재 남은 것은 간략하게 요약한 문서이고, 앞뒤 부분은 사라진 상태이야.

다 인 그 유명한 『왕오천축국전』이 엄청 귀중한 자료였구나.

할머니 그처럼 삼국시대는 불교와 관련해서 귀중한 유물도 많았고, 위대한 인물도 너무나 많았어. 삼국통일의 주역이었던 화랑도와 김유신 이야기를 잠깐 해볼까?

신라 진흥왕은 불교를 숭상해서 왕자 이름을 동륜, 금륜이라 지었는데 이는 경전에 나오는 말이었어. 또 진흥왕이 나라를 지키는 청소년을 위한 수련 단체로서 화랑도를 만들었잖아? 화랑도에 들어갈 수 있는 나이가

14~18세였는데 딱 다인이 또래였지. 그리고 대부분 귀족 자녀였어.

화랑도를 '풍월도'라고도 했고, '용화향도'라고도 했어. '용화향도'란 '미륵 부처님께 향불을 올리는 신도'라는 뜻이기 때문에 당시 신라에 미륵 부처님을 받드는 미륵신앙이 유행했음을 알 수 있어.

낭도 안에는 일반 청소년뿐만 아니라 스님 낭도도 있었는데, 낭도의 우두머리를 화랑이라 했고, 화랑의 우두머리를 국선이라고 했어. 백성들은 국선을 미륵 부처님을 상징하는 아기 부처로 생각하고 무척이나 존경했다고 해.

삼국통일의 큰 공로자였던 김유신 역시 화랑도 국선 출신이었으니 대단히 명망이 높았던 장군이었지. 그래서인지 김유신에 관한 설화가 많아. 김유신이 17세에 석굴에 들어가 목욕재계하고 하늘을 향해 "이 땅에 고구려, 백제, 말갈족이 침범하여 편할 날 없으니 제가 어리고 재주는 없사오나, 나라의 환란을 막고자 하오니 하늘이 굽어살피시어 저에게 힘을 주옵소서"라고 기도했어. 그러자 4일째 되던 날 천신이 나타나 소년의 청에 감동하여 비법을 전해주면서 "이 법을 함부로 쓰면

도리어 재앙을 받으니 조심해서 쓰라"고 당부했어. 이듬해 다시 보검을 들고 산에 들어가 향을 올리고 하늘에 기도했는데 4일 동안 두 별이 빛을 비추더니 김유신의 칼을 움직였다고 해.

김유신이 기도 올린 하늘은 도솔천이라는 하늘이고, 기도에 응답한 천신은 도솔천 왕으로 전해지고 있어. 도솔천이란 미륵 부처님이 계신 곳이야. 이 역시 신라에서 미륵 부처님을 많이 신앙하고 있었음을 보여주지. 김유신은 신라가 통일을 이루는 데 자신이 기여할 수 있도록 힘을 달라는 간절한 기도를 미륵 부처님께 올렸어. 그러자 이에 감동한 미륵 부처님이 도솔천왕을 내려보내 김유신에게 비법을 전해주고, 이를 증명하기 위해 김유신의 칼에 빛을 내려 영험한 힘을 갖도록 했다는 것이야. 이후 김유신은 전쟁에서 한 번도 패하지 않았고, 결국 통일을 완수할 수 있었다고 해.

통일 후에도 신라는 위기가 많았어. 어느 날 김유신이 백제 부흥군과 싸우는데, 북쪽으로부터 고구려, 말갈족이 북한산성을 포위하며 공격해왔어. 그야말로 신라가 무너질 수도 있는 큰 위기였어. 급보를 들은 김유신은 '이는 도저히 사람의 힘으로 할 수 없는 일이니,

부처님의 힘으로만 가능하다'고 생각하여 사찰에 가서 기도했어. 김유신이 기도하자 큰 별이 적의 진영에 떨어지더니 번개, 벼락, 우박, 비가 마구 쏟아져 적국이 싸우기도 전에 스스로 물러갔다는 거야. 김유신은 마침내 통일을 이루었고, 나중에 죽어서 나라를 지키는 도리천의 천신이 되었다는 전설이 전해지고 있어. 죽어서도 신라를 지켰다는 김유신의 애국심은 화랑도 정신에서 나온 것 같아.

다 인 와, 김유신 장군 진짜 대단하다. 재미있게 들었어. 그럼 이제 고려시대의 불교는 어땠는지 설명해줘.

할머니 신라 말기 8세기에 중국의 선법이 들어와. 9세기에 이르면 중국 송나라로 유학을 떠났던 스님들이 선을 배우고 돌아와 신라 전국 아홉 개 지역에 선방을 세웠어. 이 선불교가 잠시 유행했으나, 신라의 국정 문란과 혼란으로 더 이상 민심을 얻지 못했지.

그러다 후삼국을 통일한 왕건이 고려(918~1391)를 세우고 국가 창건의 기본 틀로서, 백성구제의 근본 가르침으로서 불교를 신봉했어. 그래서 고려 불교는 그 어느 때보다 호국불교 성격이 강해. 이것이 고려 불교의 첫 번째 특징이야.

고려 불교는 나라를 수호하고 백성의 복을 구하되, 부처님의 힘에 의지하여 재난을 물리치고자 했어. 국가의 지원 아래 다양한 불교 행사를 열었고, 왕의 즉위식 때도 불교 의식을 따를 만큼 불교가 나라의 근간을 이루었지.

호국불교의 성격이 강했기 때문에 가능했던 역사적 사건이 또 있어. 고려가 몽골, 거란 등 여러 번의 외국 침략을 받았는데, 이를 이겨내기 위해 팔만대장경이라는 대 민족문화 사업을 이룬 거야. 부처님의 힘으로 극복하겠다는 의지로 경전 내용을 송판에 새겨 책으로 찍어내는 불사는 불교 역사에 길이 남을 일이었고 참으로 불가사의한 일이었어.

수천 년 동안 썩지 않으면서도 단단한 송판을 얻기 위하여 3년 동안 바닷물에 소나무를 재워서 여러 번 삶은 후 건조해야 했고, 판목의 수명을 늘리기 위해 옻칠하여 보존이 잘되도록 했지. 목판은 가로 약 70cm, 세로 약 24cm, 두께 약 3cm 크기로 잘라서 한 판에 23줄씩, 한 줄에 14자의 글자를 새겼어. 팔만 개 목판을 조각하기 위해 수백 명의 스님과 조각가가 동원되었는데, 마치 한 사람이 조각한 것처럼 글씨체가 똑같았어.

게다가 경판에 새긴 한문 글자는 먹물을 묻혀 종이에 찍어야 하니까, 글자의 좌우를 바꾸어 새기어야 했거든. 이게 가능한 일이냐고? 사람의 힘으로 이루었다고 하기에는 참으로 믿기 힘든 일이야. 1010~1031년 사이에 걸쳐 만든 초판은 몽골에 불타버렸고, 1236년~1251년까지 16년에 걸쳐 다시 만든 경판은 현재 해인사 장경각에 보존되어 있어.

방대한 불교 경전을 체계적으로 정리했기 때문에 불교 연구의 중요한 자료지. 고려대장경의 수준을 중국, 일본 등 주변 국가에서도 인정하는데, 학술적, 기술적 가치가 대단히 높고, 한문으로 번역된 불교 경전의 최고 보물로 칭송받고 있어.

두 번째 특징으로, 왕건의 훈요 10조에 나타나 있듯이 전국적으로 도선국사가 지정한 곳에만 사찰을 짓도록 후손들에게 당부했어. 대신에 풍수지리적으로 결점이 있다고 생각되는 땅에는 사찰, 불상, 탑, 깃발 등으로 보완하여 국가와 백성이 편안하게 안착할 수 있도록 한다는 비보사탑 사상이 있었어. 이는 고려 사찰 설립의 기본 원칙이 되었어. 이전에는 없던 철학이거든.

비보사탑 사상은 9세기 말 도선국사에 의해 정립되

었어. 그 배경은 신라말 9세기 중반에 중국 유학에서 돌아온 선승들이 선종 사찰을 세울 때 적합한 땅을 찾는 과정에서 응용되기 시작했어. 통일신라시대에는 주로 경주 중심으로 사찰이 건립되었으나, 신라 말기에 선종 사찰을 건립할 때는 지방 귀족 세력이 재정적 지원을 하면서 사찰이 전국으로 퍼지게 돼.

고려 초부터 비보사탑 사상에 의해 전국에 여러 절을 세웠는데, 비보사찰에 국가의 토지와 노비를 너무 많이 제공하다 보니 결국 고려말에 이르러 불교가 부패해. 이 때문에 고려말 주자 성리학을 따르는 신진사대부로부터 격렬한 비판을 받아. 지나치게 비대해진 사찰 때문에 불교계가 부패해져서 조선이 들어설 때 불교를 없애는 이유가 된 거야.

세 번째 특징은, 고려 불교의 학문적 수준과 불교문화, 공예 기술 수준이 당시 최고였어. 도자기, 대장경, 금속공예, 불상, 사찰 건축, 탑, 불교 탱화(불상 뒤에 걸린 그림), 대장경 판각의 수준은 당시 중국을 넘어섰다고 해.

교학적 수준 역시 중국을 넘어서서 동남아 불교를 주도할 만큼 발전을 이루었어. 그러니 팔만대장경을 만들 수 있었지. 문종의 넷째 왕자였던 대각국사 의천 스님이 최초로 동남아의 모든 경전, 논서, 해석서들을 모아 목록으로 정리하였는데, 이를 『신편제종교장총록』, 혹은 줄여서 『교장총록』이라 해. 문화재로서 가치가 크지. 그뿐만 아니라 제관법사의 『천태사교의』라는 책은 오늘날에도 일본이 불교 입문의 기초 교과서로 삼을 만큼 모든 불교 교리를 집대성했지. 따라서 우리가 과거에는 중국으로부터 불교를 배웠지만, 도리어 중국이 고려 불교의 교리를 배울 정도로 불교 연구 수준이 매우 높아졌어.

네 번째 특징으로, 고려 불교의 학문적, 수행적 수준이 올라가다 보니 유명한 스님이 많이 배출돼. 탄문, 균여, 대각국사의천, 보조국사지눌(정혜결사 운동 주도), 요세(백련결사 운동 주도), 제관법사 같은 고승이 배출되어 중국, 일본에 널리 알려졌어.

통일신라시대까지는 종파가 없었으나, 고려에 와서 비로소 종파가 생기는데 화엄종, 천태종, 선종, 법상종, 정토종, 밀교가 있었지. 대각국사 의천 스님이 송나라로 유학을 가서 여러 종파를 접해본 뒤 중국의 천태종을 고려로 들이기로 결심했어. 그래서 1086년에 송나라에서 돌아와 고려에 천태종을 만들고 이것이 오늘날 천태종의 뿌리가 되었어. 12세기 중반 이후에는 보조국사 지눌 스님에 의해 선종이 다시 일어나 오늘날 조계종의 뿌리가 되었지.

다섯 번째 특징으로, 광종 때 승과 제도가 생겨 스님들도 시험을 보았고, 스님의 신분이 제도화되고 공식화되었어. 승과 제도로 불교 교단도 더욱 부흥했고, 스님의 자질도 크게 올라갔어.

다 인 고려 불교가 꽤 찬란했네. 다음 조선시대에서 불교는 어떻게 살아남았지?

할머니 1392년에 이성계가 조선을 세우면서 500여 년 동안 성리학의 유교를 국교로 삼고 불교를 억압한 시대였기 때문에 불교는 자연스럽게 쇠퇴했어. 이때를 숭유억불의 시대라 하지. 스님들은 사대문 안에 들어올 수 없고 천한 대우를 받다 보니 모두 산속으로 들어가게 돼. 그래서 조선시대 불교를 산중불교라고도 하였어.

성리학을 따르는 정치 사대부들은 불교를 배척했지만, 왕가의 안실에는 조그만 사찰도 있었고, 불상을 안치하기도 했고, 불공하기도 했어. 그래서 조선시대는 외유내불이라고 해. 겉으로는 유교를 따랐으나, 안으로는 불교를 숭상했다는 뜻이지. 세조가 『석보상절』을, 세종이 『월인천강지곡』을 지으셨잖아? 그게 다 부처님 일대기와 가르침을 서술한 것이야.

『석보상절』은 1446년 세종의 정실인 소헌왕후가 죽자 아들 수양대군이 크게 충격을 받고 어머니의 명복을 빌기 위하여 석가모니의 일대기와 설법들을 모아서 어머니의 제단에 올린 것이야. 이를 본 세종이 수양대군에게 석보를 완성하라는 명을 내리자, 학자들과 함께 여러 경전의 내용을 추가해서 한글로 풀어 쓴 것이 오늘날 전해지는 『석보상절』이야.

세종이 그 『석보상절』을 읽어본 뒤 글을 칭찬하며 『월인천강지곡』을 지었고, 나중에 수양대군이 세조로 즉위한 뒤 『석보상절』과 『월인천강지곡』을 합쳐 『월인석보』로 편찬했어. 세종은 『월인천강지곡』을 통해 불교 신앙을 표현했고, 백성이 불교 진리를 쉽게 깨우치도록 저술한 거야.

이처럼 조선시대 초기에는 왕실이나 백성 사이에서 불교에 대한 신앙이 사라진 게 아니었어. 가족과 조상에 대한 윤리 도덕으로는 다급한 국난 극복에 한계를 느끼다 보니 국가가 위기에 처하거나, 재난이 닥쳤을 때 불교의 힘으로 이겨내려던 것이었지. 그래서 왕실은 여전히 불교나 천신 신앙의 도움이 필요했고, 백성도 고통스러운 병을 이겨내거나 재앙을 물리치기 위하여 부처님에게 의지하고 싶어 했어.

하지만 유학을 숭상하는 사대부들의 요청으로 세종 때 선종과 교종의 모든 종단을 합쳤고, 고려시대부터 이어온 승과제는 유지했어. 그러나 명종 때는 선종이든 교종이든 어떠한 종파이든 모두 폐쇄했어. 이로 모든 종단이 아예 사라져버렸지만, 그런 가운데에서도 선종의 맥을 이었던 분이 서산대사 휴정(1520~1604) 스님이었어.

명종 이후로 모든 종파가 사라지고, 승과제도 완전히 폐지되어 스님들은 오로지 깊은 산속에서 살 수밖에 없었지. 스님들은 관가와 양반에게 종이, 기름, 밤, 짚신을 만들어 바쳐야 했고, 여러 잡역을 맡는 등 최고 천민층으로 전락해. 그렇지만 왜구가 침략하자 전국에서 승병을 일으켜 목숨을 걸고 조선을 구하는 일에 앞장섰지. 산성도 쌓고 산성을 수비하는 일도 맡아서 했어.

스님들의 의병 활동은 불교에 대한 유학자들의 인식이 바뀌는 사건이었어. 유교는 충효를 가장 중요하게 생각하고 이를 따르는 종교잖아? 스님들은 부모도 버리고, 임금도 버리고, 부모님이 물려주신 머리까지 삭발하며 출가했으니, 이를 엄청난 불효라 생각해서 매우 못마땅해했지. 그런데 일본이 쳐들어오자 나라를 위해 목숨도 바치는 모습에 크게 감동한 거야.

1895년에 스님들의 도성 출입 금지가 해제될 때까지 산속에서만 살았으므로 불교로서는 최악의 상황이었지만 꾸준히 가르침이 이어졌어. 그렇게 일제강점기를 거쳐 행방 이후 오늘날까지 참선, 염불 등 다양한 수행 전통이 계승되었어. 현재 참선 수행을 하는 조계종과 관세음보살 염불 수행을 하는 천태종을 포함해서 168개 종단이 있고, 승려가 4만 명, 신도는 1,500만 이상으로 추정하고 있지.

다 인 불교의 생명력은 정말 강한 것 같아.

할머니 한반도에서 불교의 생명력이 강했던 이유는 한국 불교만의 특징이 있어서 그런 것 같아.

첫째, 어느 시대에서든 한국 불교는 깨달음을 향한 수행을 가장 중요하게 여겼어. 몇몇 국가를 제외하고 한국처럼 수행의 풍토가 죽지 않고 끝까지 남은 나라는 찾기 힘들어. 수행이야말로 생명력을 보존할 수 있는 가장 큰 힘이라고 생각해.

둘째, 고대 부족국가 시대에서도 보았듯이 무속 신앙과 불교가 처음에는 대립했지만 시간이 지나면서 서로의 장점을 받아들여. 종교가 달라도 융합을 통하여 신앙적 갈등을 해소하려고 노력해. 불교권 안에서도 각 종파의 교리가 달라도 갈등이나 싸움이 일어나지 않았어. 오늘날 선종에서는 참선만 하는 것이 아니라 금강경도 독송하거든. 서로 받아들일 것은 받아들이는 열린 마음 때문이지.

셋째, 한국 불교는 호국불교로서 국가를 수호하면서도 백성들을 구제하기 위하여 부처님 힘에 의지하여 재앙은 막되, 복을 불러들이고자 부처님께 공양 올리는 제례 의식도 중시했어. 그래서 고통에 처한 백성에게 불교는 큰 의지처였고 위로가 되었다고 봐.

넷째, 한국 불교는 대승불교를 명백히 지향하고 있어. 나만 깨달으면 그만인 것이 아니라, 남의 고통도 외면하지 않는 자비심을 강조하기 때문에 백성들에게 지지를 받았어. 서로 다르다고 배척하지 않고 남을 끌어안는 종교가 생명력이 더 강하다고 생각해.

다섯째, 한국 불교는 종교로서만이 아니라 민족 문화였고, 통치 철학이었고, 백성의 애환을 순화시키는 정신적 기둥으로 역할해왔어. 그래서 유네스코에 지정된 우리 유산 대부분이 불교에서 온 것이지. 유네스코에 지정될 만큼 동아시아에서 최고의 선진 문화를 이룩한 곳이 한국 불교였고, 그 문화가 일본 등 주변 국가에 큰 영향을 미쳤다고 평가할 수 있어.

13

요즘 티베트 불교가 많이 알려져 있던데요?

다 인 티베트의 달라이라마라는 분이 미국 할리우드 스타들 사이에 인기가 많던데. 그분은 어떤 분이야?

할머니 다인이도 달라이라마를 알고 있구나. 기원후 6세기경에 인도와 중국으로부터 티베트에 불교가 들어왔어. 14세기 중엽 이후부터 '달라이라마'라고 불리는 전통이 생겼는데, 티베트인들은 관세음보살이 계속 달라이라마로 환생한다고 믿고 있어. 18세기 5대 달라이라마 이후부터는 달라이라마가 종교의 최고 지도자로서 티베트를 통치하는 왕의 역할도 하게 되었지. 현재 달라이라마(텐진 갸초)는 14대이고, 환생을 통해 계승하는 방식으로 그 자리에 오른 것이야. 영화 〈쿤둔〉을 보면 달라이라마로 선출된 과정이 자세히 나와.

14대 달라이라마가 15세가 되던 1940년 2월에 공식적으로 즉위한 후 티베트 자치정부를 세웠어. 그러나 공산혁명에 성공한 중국의 마오쩌둥이 모든 종교를 부정하면서 종교를 없앴고, 1950년에 티베트를 무력으로 침공했어. 1959년에 중국의 티베트 통치에 반대하는 스님들이 라싸에서 봉기를 일으켰는데, 많은 티베트 사원이 파괴되고 수많은 스님이 희생되었지.

그래서 14대 달라이라마는 인도로 망명하여 다람살라에 망명정부를 세웠고 지금까지 티베트의 독립과 자유를 위해 애쓰고 계셔. 비록 중국으로부터 압력을 받고 있으나 세계 평화와 비폭력을 지향하는 가르침을 펴자 전 세계인들로부터 공감을 얻었고, 1989년에 노벨평화상도 받으셨어. "비폭력이란 무기 사용을 줄이자는 것이 아니라, 사랑과 이해를 늘리는 일"이라는 유명한 말씀을 하시어 서구인들을 감동시켰지. 그분을 친견하려고 사람들이 다람살라를 많이 찾고 있어. 벌써 올해로 90세가 되셨네.

4부

불교에서 중요한 가르침은 무엇이에요?

14

우리는 어떻게 태어난 거예요?

다 인 할머니, 불교 역사는 대략 이해했으니까 오늘부터는 불교 교리에 대해 알고 싶어. 사람은 어떻게 태어났고, 이 세상은 어떻게 만들어진 건지, 무엇이 옳은 생각인지, 무엇이 잘못된 생각인지, 이런 것들이 궁금해. 불교는 이에 대해 뭐라고 답해?

할머니 응, 알겠어. 하나씩 알아보자.

다 인 인간은 어떻게 만들어진 거야?

할머니 다인이에게 몸도 있고, 정신세계도 있지? 인간은 마음과 물질이 합해져 이루어졌어. 그런데 몸이나 마음은 각기 여러 요소가 모여서 이루어진 거야. 우선 우리 몸이 어떻게 만들어지는지 설명할게.

우리 몸을 만드는 데 필요한 요소가 네 가지 있어. 땅, 물, 불, 바람이라는 물질적 원소이야. 이를 한문으로 지수화풍(地水火風)이라고 해. 땅의 요소란 단단한 성질을 말하는데 사람의 뼈, 손톱, 머리카락 등을 만들어. 물의 요소란 흐르는 성질을 말하는데 땀, 혈액, 침, 오줌을 만들지. 불의 요소는 따뜻한 성질로 우리의 체온을 만들어. 바람의 요소는 몸 안에 있는 가스나 호흡을 만들어.

네 가지 원소를 바탕으로 완성된 것이 눈, 귀, 코, 혀, 몸, 뇌라는 여섯 가지 감각기관이야. 이 여섯 가지 감각기관으로 세상을 보고, 듣고, 냄새 맡고, 맛을 보고, 피부로 느끼고, 생각하고 판단하기 때문에 자기만의 정신세계와 자기 마음이 만들어지는 거야.

다 인 아하, 내 몸이 그렇게 만들어진 거였구나.

할머니 그럼 마음은 어떻게 만들어진 것이지 설명할게. 우리가 여섯 가지 감각기관으로 빛깔, 모양, 소리, 냄새, 맛, 감촉을 느끼면 그에 따라 생각이 만들어져. 예를 들어 다인이가 빨간 사과를 보았을 때를 가정해보자. 처음에는 눈앞에 보이는 것이 사과인지 몰랐겠지. 그냥 어떤 물건이 있는 것으로 보였을 거야. 그런데 엄마가 주길래 먹어보았더니 너무 달콤하고 맛있었어. 엄마에게 이게 무어냐고 물어보니 빨간 사과라고 가르쳐주었어. 그러면 다인이에게 빨간 사과는 새콤달콤하다는 느낌이 만들어진 거야.

똑같은 것을 대해도 사람에 따라 느낌이나 감정이 좋을 수도 안 좋을 수도 있고 그저 그럴 수도 있는데 다인이는 느낌이 좋았던 거야. 그래서 '빨간 사과는 달콤새콤해'라는 이미지가 만들어졌지. 그러다 다음에 또 먹고 싶은 생각이 일어나면 엄마에게 빨간 사과를 또 달라고 말하겠지. 이처럼 '빨간 사과는 맛있는 과일이야'라고 판단하게 되는데 이러한 과정을 '인식작용'이라고 해. 친구를 만나면 '너도 빨간 사과 먹어봐. 엄청 맛있어'라고 권할 정도로 빨간 사과는 다인이의 애착 과일이 돼.

우리의 생각, 마음, 정신세계는 이렇게 만들어져. 내가 직접 경험한 것이나 배운 것들로부터 생겨나 내 안에 차곡차곡 저장되지. 그런데 문제는 우리가 일상생활에서 느끼는 감정과 느낌은 시간이 흐르면서 달라질 수 있다는 것이야.

처음에는 빨간 사과를 좋아했는데, 나중에 입맛이 변하여 빨간 사과가 그다지 맛있지 않다고 느껴지면 '내가 왜 이러지? 이상하네. 입맛이 변했나?'라고 생각할 수 있어. 사실 충분히 변할 수 있지. 새콤달콤한 것이 싫어질 수도 있잖아? 내 마음도 이렇게 변하는데, 다른 사람 마음이라고 안 변하겠어? 근데 다른 사람의 마음이 변했다고 엄청 서운해하고 괘씸하다고 생각하지?

근데 더 슬프게도 내 마음도 변하지만, 몸도 변해. 몸을 이루는 4대 요소가 시간이 흐르면 힘이 약해지고 늙고 병들게 돼. 할머니도 예전에 젊고 예뻤다고. 하지만 지금 쭈글쭈글해. 이처럼 모두가 변해. 우리의 몸과 마음이 영원하지 않고 변한다는 것이 부처님 말씀 중 제일 중요해. 이를 바로 무상하다고 해.

'나'란 존재는 여러 요소가 모여서 합쳐진 생명체일 뿐 '나'는 영원하지 않아. 내 몸과 마음을 이루는 요소들이 일시적으로 모여 내가 되었지만, 그 요소들이 낡으면 더 이상 쓸모없게 돼. 그것이 죽음이야. '나'란 존재는 무상해. 태어나면 반드시 죽게 되어 있으니까.

그래서 불교는 인간이 태어나고 죽고 다시 태어나는 과정을 네 단계로 설명해. 인간이 전생에서 최후의 목숨이 끝나는 순간 → 전생에서 사망한 후 다음 생으로 태어나기 전까지의 영혼 단계 → 출생할 인연이 되어 어머니 배 안으로 들어가 출생하는 순간 → 점점 성장하여 일생의 수명이 끝나는 순간까지 네 단계가 있다고 해. 이를 반복적으로 윤회한다는 것이야.

다 인 윤회한다고? 윤회한다는 것을 어떻게 증명할 수 있어?

할머니 많은 사람이 달라이라마에게 그 질문을 여러 번 했어. 그에 대한 달라이라마의 대답은 "그럼 윤회하지 않는다는 것을 어떻게 증명할 수 있나요?"였어. 윤회를 믿든 안 믿든 윤회 자체에 얽매일 필요가 없어. 더 중요한 것은 지금 이 순간, 현재를 어떻게 살아야 할지 고민하라는 것이야. 올바르게 사는 것이 무엇인지를 아는 것이 더 중요해.

15

세상은 누가 만들었어요?

다 인 세상은 누가 만들었는지 진짜 궁금해.

할머니 불교는 없던 것에서 무엇이 생겨났다거나, 우주가 무(無)에서 창조되었다는 생각을 부정해. 태초라는 시간의 시작도 부정해. '시작'이란 그냥 우리가 어느 한 시점을 붙잡고, 그 순간을 시작이라고 말하면 그게 시작이 되는 거야. 어느 시점을 시작이라고 말할 수 없는 것처럼, 불교는 인간이 윤회하듯 우주도 생겨났다가 사라지는 과정을 반복한다고 말해.

경전에 따르면 세상이 시작된 것은 생명체들이 지은 공업 때문이라고 해. 공업이란 여럿이 같이 행동하여 같이 인과응보를 받는 경우를 가리켜. 공업이 있으면 우주 공간에 바람이 불기 시작해. 바람이 불면 구름이 생기면서 물이 만들어지고, 다시 바람이 일어나 물을 때리고 응결시켜 땅이 만들어져. 땅 위 가운데에 수미산(우주의 중심되는 산으로 믿고 있음)이 생기고, 바깥으로 일곱 개 산이 솟고, 각 산 사이에 물이 고여 여덟 개 바다가 만들어져. 여덟 개 바다 바깥쪽에서 동서남북 방향으로 큰 대륙이 나타나. 이처럼 바다와 땅이 만들어지는 데 1,590만 년이 걸린다고 해.

바다와 땅이 형성되면 다음으로 여러 생명체가 생겨나. 생명체의 세계는 여섯 가지로 나뉘는데, 고통을 받는 정도에 따라 지옥, 아귀, 아수라, 짐승과 벌레, 인간, 천신의 세상이 펼쳐져. 천신 세계 안에 여러 하늘이 계층별로 있고 각 하늘에 서로 다른 신들이 존재한다고 해.

경전에서 생명체들이 생기는 순서를 말하고 있는데, 먼저 하늘의 천신들이 차례대로 내려오고, 그다음 인간이 생기고, 그다음에 짐승과 벌레들이 생긴다고 해. 그렇게 시작된 우주 안에서 많은 생명체가 머물며 살아가. 인간의 수명은 마음이 착해지면 8만 세까지 늘어나지만, 악업을 지으면 10세까지밖에 못 산다고 해.

그렇게 생명체들의 수명이 늘었다 줄었다를 반복하다 우주가 서서히 파괴되는 시기가 오면 하늘에 태양이 여러 개 나타나면서 모든 것을 태운다고 하네. 불, 물, 바람의 세 가지 재앙이 발생하여 먼저 지옥 중생부터 파괴되다가 최후에는 천신들까지 모두 파괴돼. 우주가 완전히 파괴되면 허공만이 존재하는 시기가 와. 그러다 중생의 공업에 의하여 다시 우주가 생겨나지. 이처럼 우주도 생겨났다 사라지기를 반복한다는 것이야.

인간이 그렇듯 우주와 세상도 끝없이 생성하고 소멸하고 다시 생성되는 과정을 무한히 반복하므로 '여기가 우주의 시작이다'라고 말할 수 없다는 논리야. 혹시 삼천대천세계라는 말을 들어보았어?

다 인 들어보았는데 그게 뭐야?

할머니 우주가 만들어질 때 지구만 생겨난 것이 아니잖아? 행성도 수없이 많고, 아직 밝혀지지 않은 은하단도 셀 수 없이 많다고 하던데. 하나의 태양계만 있다든지, 하나의 은하단만 있다든지 이렇게 단정할 수가 없거든. 다른 행성도 무수히 많다고 보기 때문에 우주의 숫자를 구체적으로 말하기는 힘들지. 그래서 태양계 천 개가 모인 것을 소천세계라 하고, 소천세계가 천 개 모인 것을 중천세계라 하고, 중천세계가 천 개 모인 것을 삼천대천세계라고 한 거야.

그래서 불교의 우주관은 다중우주(多重宇宙)론에 속해. 시작도 없고 끝도 없다는 세계관이야. 하나의 삼천대천세계를 한 분의 부처님이 교화하시는데, 우주 자체가 무한하므로 중생도 무량하고 부처님도 무량하다는 생각을 가지고 있어. 그래서 여러 부처님이 등장하고, 여러 계층의 보살님들도 나타나는 것이야.

다 인 와, 이 기회에 나도 천문학에 관심을 가져봐야겠는걸.

16

불교에서 가장 중요한 가르침은 뭐예요?

다 인 가장 중요한 부처님의 가르침은 뭐야?

할머니 제일 중요한 딱 두 가지만 설명할게.

첫 번째 가르침으로, 세상을 움직이는 근본 원리는 '모든 것이 연결되어 있다'는 것이야. 이 세상 모든 것이 돌아가고, 해와 달이 움직이고, 인간이 살고 죽는 것은 신의 뜻도 아니며, 운명적으로 결정된 것도 아니며, 우연히 일어난 것도 아니라는 거야. 그럴 만한 원인이 있기 때문에 생겨난다는 것이야.

예를 들면 지진이 나기 전에 여러 조짐이 나타나. 새들이 떼로 몰려들면서 이동한다든지, 깊은 물에 사는 물고기가 얕은 곳으로 올라온다든지, 수천 마리 두꺼비가 도로로 쏟아져 나온다든지, 지하수 수위가 올라간다든지 등 많잖아? 그런 조짐들이 있는 것은 지각변동이라는 원인이 있어서 일어난 거야. 민감한 곤충이나 동물이 먼저 감지하고 이동하는 것이지.

이처럼 세상일이 아무 이유 없이 멋대로 일어나는 것이 아니라, 어떤 조건과 맞아떨어져서 일어난다는 것이야. 그래서 모든 일이 인연에 따라 생기고, 인연에 따라 사라진다는 관계성을 강조하고 있어.

모든 일이 연결되어 있기 때문에 어떤 물건이든, 상황이든, 사람이든, 생겨난 것은 다른 것들과 서로 의지하며 존재하고 있어. 이를 '연기법'이라고 해. 우리가 부모와의 관계에서 태어나 평생 부모 형제와 서로 의지하며 살지? 나중에 다인이가 결혼하면 남편도 자기 부모와의 관계에서 태어나 서로 의지하며 살았을 거야. 그렇듯 우리는 부모, 형제, 배우자, 친척, 친구, 주변 사람들과 관계를 맺고 의존하며 살고 있어.

석가모니 부처님께서 우주가 돌아가는 운행 원리가 이 관계성에 있음을 깨달으신 거야. 연기법은 부처님이 만든 것이 아니라, 세상이 움직이는 이치를 부처님이 처음으로 발견하신 것이야. 깨달아보니 인간만이 아니라 동물, 자연, 물, 공기 등 우주의 모든 존재가 서로 의지하고 관계를 맺으며 살아가고 있더라는 것이지. 그래서 다투지 말고, 서로 협력해서 더불어 살아가야 함을 강조하였고, 이를 위해 타인에 대한 자비심이 필요하다는 것이야. 나 혼자서는 절대 살 수 없기 때문이지.

'세상은 모두 연결되어 있으며, 서로 의지하며 살고 있음'을 증명하는 예를 또 들어볼까?

요즘 우리가 시도 때도 없이 미세먼지에 시달리잖아? 그 원인은 중국에서 날아온 미세먼지 때문이지. 석탄, 석유 사용으로 인한 대기오염과 몽골의 급격한 사막화로 모래가 바람을 타고 한국에 날아온 거야. 미세먼지가 아무리 싫어도 중국이 가까이 있으니 어쩔 수 없이 겪고 있어.

우리만 미세먼지 대책을 세운다고 해결되는 것이 아니야. 중국과 몽골이 같이 협력해야만 해. 그래서 우리 정부가 중국에게 대책 방안 마련을 계속 요구하고 있고, 최근 한국 사람들이 몽골 사막으로 가서 나무를 심어 숲을 조성한다든지 여러 노력을 하고 있어.

언뜻 몽골의 나무 심기와 한국의 미세먼지가 아무 관

련 없어 보여도 알고 보면 긴밀한 관계인 거지. 이처럼 모든 일의 상호 관계성을 깨달으면 문제 해결 방법을 쉽게 찾을 수 있어. 이것이 지혜이고, 그 지혜가 연기법이야. 연기법이라는 진리를 알면 세상에서 일어나는 문제들에 더 잘 대처할 수 있고, 나에게 일어난 문제도 그 원인을 빨리 찾아서 해결 방법을 구할 수 있지.

두 번째 중요한 가르침은 모든 게 무상하다는 것이야. 첫 번째 가르침과 관련되는데, 모든 것은 원인이 있어 생겨났다가, 그 원인이 사라지면서 같이 사라지므로 이 세상에 영원한 것은 없어. 모두 변하기 마련이지. 그래서 무상하다는 것이야.

다 인 어른들이 "인생이 참 무상하다, 무상해!"라고 할 때 그 무상을 말하는 거야?

할머니 응. 인간이나 우주 만물은 여러 요소가 모인 집합체에 불과하기 때문에 구성 요소가 낡아지면 인간도 변하고, 세상 만물 역시 변하고 사라져. 멀쩡하던 이어폰이 어느 날부터 지지직 소리를 내며 들리지 않잖아? 부품이 오래돼서 망가졌으니 버려야 해. 그렇듯 인간도 태어나면 반드시 죽어. 이것이 무상함이야.

자, 생각해봐. 강은 계속 흐르지만 흐르는 물 모양은

같지 않아. 흐를 때마다 물의 거품이 다르지? 불꽃이 계속 타오르지만 타는 불꽃은 항상 같지 않아. 탈 때마다 불꽃 모양이 다르거든. 이처럼 흐르는 강물처럼, 타오르는 불꽃처럼 세상은 하나의 모습으로 고정되지 않고 계속 변해가. 근데 무상을 '허무하다' '덧없다'는 부정적 뜻으로만 이해하면 안 돼.

예를 들어 다인이가 새로 나온 게임기를 샀어. 처음에는 친구들에게 자랑하면서 신나게 게임했는데, 얼마 안 가서 친한 친구가 더 업그레이든 된 신상을 갖고 온 거야. 해보니 내 거보다 훨씬 재미있었어. 그러면 처음에는 내 게임기가 좋았지만 좀 시시해지지 않겠어? 게임기는 그대로인데 다인이의 마음이 변한 거지. 아니면 게임기의 배터리가 타버려 고장났다고 해보자. 멀쩡하던 게임기가 망가져서 더 이상 사용할 수 없게 된 거지.

이처럼 어떤 원인 때문에 사람의 마음도 변하고 물건도 변해. 그 게임기가 영원토록 계속 사랑스럽고, 또 부서지지도 않은 채 내 옆에 있을까? 그건 불가능해. 유리그릇이 저절로 깨지듯, 철이 녹슬 듯 모두 다 변해.

다 인 그처럼 모든 게 무상한데 우리가 굳이 애쓸 필요가 있어?

할머니 지금 다인이가 말한 것처럼 사람들이 무상함을 허무한 것으로 오해해서 "모든 게 허무한데 애써 무엇을 하려고 노력하냐?"고 되물어. 그런데 중요한 사실이 있어. 있던 것이 사라지는 것도 무상하고, 없던 것이 생기는 것도 무상한 것이야. 무상함이란, 뭐가 되었든 그 모습 그대로 고정되어 있지 않고 계속 변한다는 진리이지. 있던 게 사라지는 것만 말하는 게 아니라고. 원래 없었는데 어떤 이유로 생겼다면 이도 무상한 것이라고. 이 뜻을 이해할 수 있지?

다인이가 남자에게 관심이 없어서 남자 친구 만들 마음이 전혀 없었는데 어느 날 너무 좋아하는 스타일의 남자를 보고 홀딱 반해서 사귀게 되었다면 이것도 무상한 것이라고. 근데 잘 지내다가 어느 날, 남자 친구의 속이 너무 좁은 걸 보고 다인이가 엄청 실망해서 헤어지기로 했다면 이것도 무상한 것이지. 다인이 마음이 변했잖아?

다시 말해 무상함이란 매사가 확정되어 있거나 고정된 것이 아니라, 변해간다는 것을 알려주는 가르침이야. 그래서 무상을 그냥 '사라짐' 혹은 '없음'으로 오해해서 허무하게 생각하면 안 돼. 무상함 안에 있음도 있고, 없음도 있는 것이야. 이게 철학적으로 매우 깊고 높은 가르침이야.

그러하니 슬픈 마음이야 들겠지만 지금 뭔가가 없어졌다고 크게 실망하지 말고, 반대로 마음이야 들뜨겠지만 지금 원하던 것이 생겼다 해도 겸손할 줄 알아야 해. 중국 고사성어 중에 '새옹지마'라는 말이 있어. 한번 찾아보렴. 내 말을 이해할 수 있을 거야.

17

부처님은 왜 인생이 고해의 바다라고 했어요?

다 인 도대체 괴로움은 왜 생기는 거야?

할머니 괴로움을 인도말로 둑카(duḥkha)라고 해. 괴로움이 왜 생기냐고? 내 생각대로, 내 뜻대로 안 되기 때문이야. 맞지?

사람은 태어나서 영원히 살고 싶은데 병들다가 언젠가는 죽기 때문에 괴롭고, 갖고 싶은 게 있는데 쉽게 가질 수 없어 괴롭고, 미운 사람이 있는데 자꾸 마주치니 괴롭고, 사랑하는 가족이나 친구가 내 곁을 떠나가니 괴롭고, 무언가를 보면 자꾸 욕심이 나서 괴롭지.

세상의 모든 것은 원인이 있어 생겨났다가, 원인이

사라지면 생겨난 것도 사라진다고 했어. 언제 변할지 모르니까 무상하다고 했잖아? 그런데도 사람들은 생겨난 물건도 사랑도 친구도 돈도 모두 내 것이라고 생각해. 그것들이 변하지 않고 영원히 내 곁에 있을 거라고 착각하고 있어.

마음에 들어서 가지고 싶은데 쉽게 살 수 없고, 설사 가졌다 해도 시간이 지나면 사라져버리는데, 여전히 미련이 남아 있다면 이게 얼마나 괴로운 일이겠어? 그래서 인생은 고해의 바다라고 했어.

다 인 인생이 고해의 바다라면 너무 우울하잖아? 도대체 무슨 희망으로 살아?

할머니 이게 우울한 이야기가 아니야. 사는 게 쉽지 않아. 힘들어. 그건 사실이야. 그런데 모든 것이 변하므로 영원하지 않을 것을 안다면, 애써 붙잡지 말고 놔줄 것은 놓아주고, 어서 마음을 바꾸어 다른 길을 찾아보려고 노력한다면 이것이 더 현명한 태도가 아닐까? 어차피 내 것이 될 수 없는 것을 계속 붙들고 있으면 욕심이고 집착이야. 붙들려고 할수록 괴로움만 더해가는데, 차라리 포기하면 마음이 홀가분하고 여유가 생길 거야.

다 인 사는 게 고해의 바다이니 그런 줄 알고 그냥 참고 살라는 것이야?

할머니 아니야. 부처님께서 말씀하시는 것은 인생이 고해의 바다이니, 괴로워도 참아라, 아니면 인생은 원래 그런 것이니 뭘 하려고 굳이 애쓰지 말라든지, 노력할 필요가 없다든지 그런 이야기가 아니야. 모든 것은 변하니까 미리 대비하라는 것이야. 자신의 마음을 잘 관리하라는 것이야.

비록 힘든 일이 생겨도 '그럴 수 있지' '괜찮아'라고 자신을 위로한다면 빠른 시간 안에 마음을 회복할 수 있지. 나의 의지에 따라 상황을 얼마든지 변화시킬 수 있어. 힘든 일이 닥쳐도 무엇을 해야 하는지를 깊이 생각하는 사람이 지혜로운 사람이야. 지혜로운 사람은 쓸데없는 집착과 욕심을 버릴 줄 알아. 지나친 욕심을 버리는 길이 괴로움에서 가장 빨리 벗어나는 방법일 수 있어.

다 인 집착과 욕심을 버리라고? 나에게는 아직 너무 어려운 이야기이야. 하지만 천천히 생각해볼게.

할머니 지금 21세기가 빠른 속도로 변하고 있는데 이에 대비하지 않으면 뒤처져서 힘들지 않을까? 또 다음 주가 중간고사인데 공부하지 않으면 불안하지 않아? 그처럼 힘들고 어려울 때를 생각해서 미리 준비하는 마음의 습관이 매우 중요하지.

시간의 흐름에 맡기면서, 일어나는 일들이 괴롭더라도 크게 상심하지 말고, 너무 들뜨지도 말고 그냥 자연스럽게 흘려보낼 수 있는 마음의 준비가 필요해. 물론 쉽지 않지만 잘 대처해나가면 힘들고 괴로웠던 일들이 모두 나를 성장하도록 돕기 위해 찾아왔음을 나중에 알게 돼.

18

공(空)이 뭐죠? 아무것도 없다는 뜻인가요?

다 인 할머니, 도대체 '공'이라는 게 뭐야?

할머니 쉽게 생각하면 공(수나타)을 '무상하다'는 의미로 보면 될 것 같아. 무상함이 그런 것처럼 공도 '없다'라는 뜻이 아니야.

우리가 중국 불교사의 번역 과정을 살펴보았을 때, 인도의 '수나타'를 번역할 적당한 한문이 없어서 그냥 노자의 '무'로 번역했다고 말해지? 사람들은 그때부터 '공'을 '무'로 오해했어. 나중에 구마라집이 '수나타'를 '공'이라고 번역했지만, 여하튼 오랜 시간 동안 공을 잘못 이해하고 있었던 거야.

다시 강조하지만, 공은 비어 있는 허공을 가리키는 말도 아니고, 허무주의를 나타내는 말도 아니야. 공은 있다가도 사라지고, 없다가도 나타나는 사물의 변화 과정을 깊이 관찰해서 나온 개념이야. 공을 지혜로운 사람만이 알 수 있는 거야.

우리 자신도 그렇고 세상도 그렇고 모두 정지한 상태가 아니라 항상 운동하고 있다는 심오한 철학이지. 인간이나 사물이나 현상을 고정된 시각으로 보는 것이 아니라, 생멸 변화하는 동적인 모습으로 바라보는 철학이야. 어떠한 것도 멈추어 있는 것은 없으니까 집착이나 욕심을 부리지 말라고. 그런데도 욕심을 계속 부리고, 집착하면 괴로워진다고 가르치는 것이야.

다 인 아하, 공이란 나도, 엄마 아빠도, 내가 아끼는 물건도 언젠가는 변한다는 거구나.

19

업, 윤회, 환생 이런 게 실제 있는 거예요?

다 인 할머니, 진짜 궁금했어. 윤회, 전생, 환생이 실제로 있는 거야?

할머니 불교라고 하면 윤회, 업, 전생, 환생부터 물어보는 경우가 많더라고. 그런데 이는 각자의 믿음과 신앙에 달려 있기 때문에 '믿으라' 혹은 '믿지 말라'고 할 수 없어. 나는 경전에서 설명하는 것만 얘기해줄게. 우선 윤회와 업은 서로 연관이 있으니 두 단어 뜻부터 알아보자.

윤회는 '인간이 죽으면 어떻게 되는가'라는 궁금증에서 출발했어. 윤회란 '흘러가는 것' '돌고 돌아 만나는 것'으로 마치 수레바퀴가 굴러가는 것과 같다는 뜻이야. 인도말로는 삼사라(saṃsāra = sam 함께 + sara 달리는 것)라고 해. 삶과 죽음을 끝없이 되풀이하는 것이 마치 바퀴가 도는 것 같다는 의미야. 불교에서는 일반 대중을 중생이라고 하지? 중생(衆生)이라는 단어에는 '여럿이 함께 모여 산다'의 뜻도 있지만, '여러 생을 걸쳐 태어난다'는 뜻도 있어.

업이란 어떤 의도를 가지고 행하는 모든 행위를 뜻해. 인도말로 까르마(karma)라고 하지. 우리가 생활하며 생각하고 말하고 행동하잖아? 그 모든 활동을 가리키는 말이야. 업이라는 말은 윤회사상을 만나면서 윤회하게 만드는 잠재적 힘, 원동력으로 이해하게 되었어. 불교 이전의 브라만교 후기에 인간의 몸은 죽음과 함께 사라지지만, 영혼은 사라지지 않는다고 생각했어. 그래서 사후에 어떠한 형태로든 영혼이 살아 있다고 생각했지.

다 인 그럼 불교는 브라만교가 말하는 윤회와 업을 그대로 인정한 거야?

할머니 아니, 그렇지는 않아. 사람들 사이에 이미 윤회와 업에 대한 관념이 있었기 때문에 부처님은 수용하셨어. 그런데 윤회에 대해서는 별도로 언급하지 않았지만, 업은 크게 강조하셨어.

어떤 신도가 "내가 죽어서 어디로 가느냐"고 물었지만 부처님은 대답하지 않으셨어. 살아 있는 지금 이 순간, 이 현재가 더 중요하니까 다음 생에 어디로 가는지 알려 애쓰지 말라는 거야. 미래는 내가 현재를 어떻게 사느냐에 따라 결정된다고 하셨어. 그래서 이번 생에 어떤 마음으로, 어떤 말을 하고, 어떤 행동을 하며 살지를 먼저 고민하라는 것이야. 평상시 어떤 업을 짓고 사는지가 제일 중요하다는 말씀이지.

윤회를 하는지, 안 하는지를 따지기 전에 업을 더 중요하게 생각하신 거야. 악하게 살면 괴로운 결과가 오고, 선하게 살면 행복한 결과가 와. 이를 '악인고과 선인락과'라고 해. 한마디로 악업을 짓지 말라는 것이야. 내가 지금 어떤 행동을 하고 있는지를 알아차리면, 나의 미래를 저절로 알 수 있다는 말씀이야.

다 인 윤회는 아직 실감하기 어려운 단어이지만, 어쨌든 평상시 올바르고 착하게 살라는 뜻이네. 그러면 환생은 실제 있는 일이야?

할머니 환생은 증명하기 어렵지. 몇몇 사람만이 주장할 뿐 대부분 사람은 전생을 기억하지 못하니까. 윤회한다고 가정하면 전생이 있고, 현생이 있고, 내생이 있으니까 환생도 가능하겠지. 하지만 환생 역시 각자 믿음의 문제이며, 신앙의 차원으로 봐야 해. 윤회나 환생을 믿는다면 이번 생에 함부로 살면 안 된다는 두려움 같은 게 생길 수 있겠지?

환생이란, 육체는 사라지지만 영혼은 남게 되어, 죽은 후 영혼이 다른 생명으로 태어난다는 관념인데, 고대 그리스에서도 환생을 믿었다고 해. 환생을 믿는 종교는 힌두교와 불교가 있으나, 차이점이 있어.

힌두교는 영혼이 그대로 옮겨간다는 것이고, 불교는 전생의 업 때문에 영혼이 달라진다는 것이야. 힌두교에서는 변치 않는 하나의 고정된 영혼이 반복해서 환생한다고 하지만, 불교는 변하지 않는 영원한 영혼은 없다고 주장해. 다시 말해서 불교는 이번 생의 영혼이 살면서 업을 쌓다가 죽으면, 다음 생에 태어날 때는 생전에 지은 업이 추가되어서 다른 레벨의 영혼으로 바뀐다는 것이야. 그래서 부처님은 이번 생에 죄짓지 않고 잘 살아야 다음 생에서 보다 훌륭한 사람으로 태어날 수 있다고 강조하셨어.

다 인 현재 14대 달라이라마는 13대 달라이라마가 환생한 분이라며? 그것을 어떻게 알아냈을까?

할머니 현재 달라이라마는 1935년 7월 6일, 중국 칭하이성의 한 농부의 집에서 태어났는데, 라싸에 계시던 13대 달라이라마가 돌아가시면서 "나는 곧 환생할 것이다"라는 말을 남기셨대. 그래서 제자들이 그분의 환생을 찾기 위하여 전국 각지를 돌아다녔지. 그러다 린포체라는 사람이 꿈에서 본 기억을 찾아다니다가 어느 시골 농가에 태어난 아이를 발견했어.

정체를 숨기고 상인으로 위장한 제자들이 13대 달라이라마가 생전에 사용하던 물건들과 다른 물건들을 섞은 후 아이에게 가지고 싶은 것을 고르게 했더니, 당시 3세였던 아이가 13대 달라이라마가 사용하던 것만 골랐다고 해. 그래서 환생하였음이 증명되어 1940년에 14대 달라이라마로 공식 취임한 거야. 이 과정을 영화로 만든 것이 〈쿤둔〉이야.

20

해탈이 뭐예요?

다 인 불교는 맨날 해탈하라고 하는데 해탈이 뭐야?

할머니 해탈을 모크샤(mokṣa)라고 하는데, 해방 혹은 자유를 의미해. 괴로움이나 죄에서 벗어나는 것을 뜻하기도 하고, 진정한 자유와 행복을 찾을 때를 가리키기도 하지. 바라문교는 신의 은총에 의하여 고통에서 벗어날 수 있다고 했지만, 부처님께서는 각자가 수행과 깨달음을 통해 고통에서 벗어나 해탈에 이를 수 있다고 하셨어.

다 인 해탈은 어떤 상태를 말하는 거야?

할머니 고민이나 잡념이 사라지면 그것도 해탈이지. 마음이 더 이상 불안하지 않고, 편안해지고, 행복한 마음이 들면 해탈한 거야. '마음이 해탈하면 열반에 도달했다'라고 말해. 열반을 니르바나(nirvāṇa)라고 하는데 '불을 끄다'는 뜻이야. 온갖 번뇌, 갈등, 집착, 욕심, 분노, 어리석음의 불이 꺼지고 마음이 평안한 상태를 열반이라고 해.

인도에서는 홍수로 물에 잠긴 이곳에서 저 언덕 높은 곳으로 건너가는 것을 니르바나라고 했어. 열반에는 고통스러운 이 현실을 벗어나 안락한 저곳에 이르렀다는 뜻도 있고, 때로는 수행자의 죽음을 뜻하기도 해. 부처님이나 큰스님들께서 돌아가시면 '열반하셨다'고 말하거든.

그래서 열반이란, 수행을 많이 하신 분들이 돌아가실 때도 사용하지만, 살아 있는 동안에 괴로움에서 완전히 벗어난 상태를 의미하기도 해. 다인이에게 생긴 어떤 문제가 잘 해결되어 마음이 평화롭고 고요해졌다면 해탈해서 열반에 이른 것이야.

다 인 크크크, 나도 해탈할 수 있구나.

할머니 당연하지. 모든 게 무상함을 알고 잘 대처해나가면 다인이도 해탈하는 거지. 부처님께서 무상함을 말씀하신 이유는, 세상이 허무하거나 우울한 곳임을 말하려던 것이 아니라, 우리의 마음이 평안한 상태인 열반으로 이

끌기 위해서야.

촛불이 타고 있을 때 입으로 후 불면 바로 꺼지지? 그렇게 타는 불이 꺼지듯 괴로움이 완전히 꺼진 상태, 완전한 평화, 완전한 행복, 이것이 열반이야. 어쩌면 열반과 괴로움은 동전의 양면과 같아. 그냥 바로 뒤집으면 되니까.

다 인 완전한 행복이란 게 가능할까? 어떻게 해야 완전하게 행복할 수 있는지 모르겠어. 일단 내가 더 살아보고 말해줄게. 하하하하하.

21

극락과 지옥이 실제로 있어요?

다 인 할머니! 극락과 지옥이 정말 있어?

할머니 극락과 지옥에 대한 믿음 역시 각자의 신앙에 달렸기 때문에 실제로 '있다' 혹은 '없다'라고 말할 수 없어. '극락과 지옥이 실제 있는 것'이라고 얘기하면 그것에 얽매이고, '없다'라고 하면 함부로 살 수도 있으니까 조심스럽지. 나는 일단 불교 경전을 통해 설명할게. 설명을 듣고 각자의 믿음에 따라 생각하면 돼.

극락은 항상 즐거움만 있는 세계를 말하고, 지옥은 끊임없이 고통이 계속되는 세계를 말해. 어떤 사람이 지옥에 가보니 아주 긴 젓가락으로 자기 입에 밥을 떠

넣으려고 애를 쓰는데 먹을 수가 없더래. 근데 극락을 가보니 그 젓가락으로 마주 앉은 사람에게 밥을 떠 먹여주더래.

그래서 극락과 지옥을 두 가지 차원으로 설명해. 극락과 지옥이 이 세상이 아닌 저 너머 세계에 있는 것으로 말하기도 하고, 혹은 지금 살고 있는 이 현실 세계에 극락과 지옥이 있다고 설명하기도 해. 다시 말해 죽어서 가보면 실제로 극락과 지옥이 있다는 것이고, 다른 하나는 내 마음에 따라 극락 속에 살 때도 있고 지옥 속에 살 때도 있다는 것이야.

"어떤 무사가 큰스님에게 찾아와서 극락과 지옥이 정말 있습니까?"라고 물었어. 그랬더니 스님이 느닷없이 무사의 뺨을 때렸어. 무사는 어이가 없어 화가 치밀어 올랐지. "아니 없으면 없다, 있으면 있다고 말하면 될 일이지, 왜 사람을 때리느냐"며 스님을 노려보았어. 그때 스님이 웃으며 조용히 말했어. "지금 그 마음이 지옥이다"라고 하자, 무사는 즉시 깨닫고 일어나 스님께 절을 올렸어. 그러자 스님은 "지금 자네는 극락에 와 있어"라고 말했다고 해.

이는 마음 안에 극락과 지옥이 모두 있다는 것을 비

유한 이야기야. 불교는 생전에 어떻게 살았는가에 따라 극락에 가기도 하고 지옥에 떨어지기도 한다고 해. 지옥에도 여러 종류가 있어. 뜨거운 불에 시달리는 화탕지옥, 독사가 우글거리는 독사지옥, 극심한 추위로 고통받는 한빙지옥이 있는데, 가장 혹독한 아비지옥은 쉴 사이 없는 고통이 이어져 무간지옥이라고도 해. 〈신과 함께〉라는 영화를 보니 지옥의 여러 모습을 보여주던데.

다 인 그래? 나도 봐야겠다. 그럼 극락은 어디에 있어?

할머니 도교와 불교는 지옥이 우리가 사는 세계보다 더 아래에 있다고 생각했고, 극락세계는 아주 멀리 떨어진 곳에 있다고 생각해. 경전에서 말하길, 극락은 이 사바세계로부터 서쪽으로 십만억불토를 지나면 있다고 해. 극락은 그야말로 즐거움이 극에 달해 있는 세계이고, 영원한 행복이 보장된 세계이고, 매우 깨끗하고 맑은 세계로 불국토, 정토(淨土)라고도 해.

사람들이 극락세계에 가려는 이유는, 극락에 아미타 부처님이 계시기 때문이야. 극락에 가서 아미타 부처님의 가르침을 들으면 누구나 쉽게 깨달음을 얻을 수 있고, 부처님이 될 수 있는 지름길을 얻는 것이라 생각하고 있어. 그래서 평상시 선행을 많이 베풀고, 죽을 때

'나무 아미타불, 나무 아미타불' 이렇게 아미타 부처님을 계속 부르면 극락에 갈 수 있다고 믿고 있어.

다 인 극락은 어떤 모습이야?

할머니 나도 아직 못 가봐서 모르지만, 경전에 따르면 극락세계는 나무가 금·은·유리·수정 등의 보석으로 장식되어 있고, 땅은 황금색으로 매우 아름답다고 해. 금, 은을 비롯한 일곱 가지 보석으로 만든 연못도 있는데, 그 안에 신비로운 물과 황금 모래가 깔려 있어. 연못 가운데 커다란 연꽃 모양의 연화대가 있고, 그 위에 아미타 부처님이 앉아 계셔. 아미타불 양옆에서는 관세음보살과 대세지보살이 부처님을 모시고 있고.

아미타 부처님에 대한 믿음이 깊은 사람들이 그곳을 즐겁게 거닐고 있고, 하늘에서는 언제나 음악이 들린다고 해. 매일 밤낮으로 세 번씩 하늘에서 꽃이 떨어지고, 백조·공작·앵무새들이 노래를 부르는데 모두 부처님의 가르침을 전하는 것이래. 그래서 이 노래를 듣는 극락 사람들은 언제나 부처님을 생각하게 된다고 해.

다 인 오우! 판타지 애니메이션에 나오는 장면하고 완전 똑같은데? 우리가 사는 세상도 극락처럼 평화롭고 즐거움만 가득하면 정말 좋겠다. 공부 안 해도 충분히 행복한 그런 극락은 없나? 헤헤헤.

할머니 하하하하하. 극락과 지옥 세계가 실제로 있다고 믿든, 마음속에 있는 것이라고 믿든, 극락과 지옥은 자신의 선택에 달려 있어. 평상시 내가 어떻게 사느냐에 따라 행복이 오든가 불행이 따라오니까. 결국 극락과 지옥은 내가 만드는 것이야. 나중에 친구들과 함께 원하는 극락세계를 만들어봐.

22

부처님은 지금 어디에 계세요?

다 인 석가모니께서는 분명히 돌아가셨잖아? 그럼 지금은 어디에 계셔?

할머니 이 문제는 부처님을 어떤 분으로 생각하느냐에 따라 해석이 조금씩 달라져. 초기 불교에서는 중생을 제도하고자 인간의 몸으로 오셨던 부처님의 몸은 완전히 사라졌다고 생각했어. 그런데 대승불교에 와서 고타마 싯다르타는 돌아가셨지만, 우주의 법신으로 항상 우리 곁에, 우리 마음속에 살아 계신다고 믿게 돼.

다 인 법신이 뭔데?

할머니 석가모니께서 열반에 드신 후, 부처님은 어떤 모습으로 어디에 계시는지 다들 궁금해했지. 초기 불교에서는 부처님이라고 하면, 35세에 도를 깨달아 80세로 열반에 든 석가모니 한 분을 가리켰어. 부처님의 수명이 80세로 끝났지만, 말씀하신 가르침과 진리는 영원하다고 믿고, 그 정도 수준에서 소박하게 생각했지.

부처님께서 돌아가시고 시간이 흐르자 부처님에 대한 숭배가 두 가지 방향으로 나타났어. 하나는, 석가모니를 대신할 부처님을 찾으려 했어. 그래서 석가모니 이전에 이미 여섯 분의 부처님이 차례로 출현하시어 가르침을 전하다가 석가모니 부처님에 이르렀다고 생각했고, 미래에도 여러 부처가 계속 출현할 것이라고 믿었어. 이 흐름은 부파불교 내의 진보파와 불탑 숭배자들 사이에서 일어난 것으로 보여.

또 하나의 흐름은, 부처님의 몸은 법신으로서 영원하다고 생각했어. 이 흐름은 대승불교에 와서 삼천대천세계의 무수한 국토에서 무수한 부처가 출현한다는 다불(多佛) 사상으로 나타나. 경전에 보면 엄청나게 많은 부처님이 등장하지?

중생도 수행으로 깨달음을 이루면 부처가 되는데 어떻게 한 분의 부처님만 있다고 생각할 수 있겠어? 그래서 여러 부처님이 등장하는 것이고, 본래 부처님의 수명도 영원하다는 믿음으로 법신이라는 개념이 나온 것이야.

그래서 석가모니께서는 열반에 드신 후, 지금도 여전히 다른 국토에서 설법하고 계시며, 석가모니처럼 무수한 부처님이 저마다 다른 국토에서 중생을 교화하고 있다고 믿고 있어. 부처님은 진리의 몸인 법신으로서 항상 우주에 머문다고 생각했기 때문이야.

5부

수행을 왜 해요?

23

왜 깨달아야 하고,
왜 수행해요?

다 인 불교는 깨달음을 얻기 위해 수행해야 한다고 했는데 깨달음은 왜 필요하지?

할머니 그래. 사람들이 가끔 물어봐. 깨달음 없이도 사는 데에 큰 지장이 없는 것 같은데, 왜 굳이 깨달아야 하는지 모르겠다고. 요즘 수행에 대한 서구사회의 관심이 커지면서 수행이 뇌파에 어떤 영향을 미치는지 실험을 많이 했어. 뇌파를 측정해보니 수행이 몸과 마음에 긍정적인 영향을 끼친다는 것을 알아내었어. 정신적 갈등이나 스트레스 해소, 육체적 병의 고통을 줄여주는 데에 효과가 있다는 거지.

그리고 수행하면 몸과 마음을 편안하게 해주는 것에 그치지 않고, 지혜가 늘고, 잠재적 능력을 기르는 데에도 큰 도움을 준다는 사실도 알게 되었어. 이런저런 깨달음을 통해 내 안에 숨은 잠재력을 발견하니까 수행에 대한 관심이 늘고 있는 것 같아.

다 인 그렇다면 깨달음의 목적은 뭐야?

할머니 깨달음의 목적은 명확해. 첫째, 지금 내게 힘든 문제가 생겨서 괴롭다면 거기에 빠져 있는 나를 먼저 구하는 것이야. 둘째, 나를 구함으로써 세상을 좀 더 좋은 세상으로 만드는 것이야.

예전과 같은 괴로움을 더 이상 겪지 않으려면, 같은 실수와 잘못을 저지르지 말아야 하며, 앞으로 나쁜 마음을 먹지 말고, 나쁜 행동을 하면 안 돼. 나부터 그렇게 실천한다면 세상 사람 모두가 착한 사람으로 변할 것이고, 모두가 착해진다면 전쟁도 사라지고, 평화롭고 행복한 세상이 만들어지겠지. 세상이 착해져야 우리가 안전하게 생존할 수 있어.

그래서 깨달음은 어떻게 하면 올바른 사람이 되고, 착한 세상을 만들 수 있을지 그 지혜를 얻기 위한 것이고, 수행은 그러한 지혜와 깨달음을 얻고자 노력하고 애쓰는 행동을 말해.

수행은 내 마음을 바꾸는 거니까 마음공부라고도 말해. 모든 것은 결국 내 마음에 달려 있음을 알게 되거든. 내 마음이 바뀌어야 나의 괴로움도 해결하고, 세상에 능숙하게 대처할 수 있는 힘도 생겨.

예전에는 그런 힘이 자신에게 있는 줄 몰랐을 거야. 그런데 수행을 해보면 내 마음이 바뀌고, 내 안에 있는 위대한 능력도 발견하게 돼. 그 위대한 능력을 '불성'이라고 하지. '불성'이란 '부처님의 성품'을 말하는데, 내게도 '부처님이 될 수 있는 능력' '부처님과 같은 마음이 들어 있다'는 것이야.

다 인 내게도 부처님과 같은 마음이 들어 있다고? 믿기 어려운데. 대체 마음이라는 것이 뭐야?

할머니 마음을 마나스(manas)라고 해. 법구경이라는 경전은 우리의 마음이 얼마나 중요한지 다음과 같이 말하고 있어.

> 모든 일은 마음이 근본이 된다. 마음에서 나와 마음으로 이루어진다.
> 나쁜 마음을 가지고 말하거나 행동하면 괴로움이 그를 따른다.

수레바퀴가 소의 발자국을 따르듯이.

청정한 마음을 가지고 말하거나 행동하면 즐거움이 그를 따른다.

그림자가 형상을 따르듯이.

마음은 들떠 흔들리기 쉽고, 지키기 어렵고, 억제하기 어렵다.

악한 일을 하지 말고, 선한 일을 두루 행하여 마음을 깨끗이 하라.

이것이 모든 부처님의 가르침이다.

이렇듯 우리의 마음은 늘 변하기 쉽고, 지키기 어려우며, 통제하기가 어려워. 그러다 보니 경솔해지거나 들떠 있기 쉬워. 그렇지만 마음은 모든 것을 만들어내는 마법과 같은 것이야. 세상을 만드는 주인공이 우리의 마음인 거지. 내가 말하고 생각하고 행동하는 것이 모두 내 마음에서 나오잖아. 마음이 하는 일은 그만큼 크고 넓어. 미처 마음을 모두 사용해보지 않았을 뿐이야.

다인이가 아직 내게도 불성이 있다는 말을 믿을 수 없겠지만, 만약 어떤 친구가 어려움을 겪고 있어서 도움을 주었다면 이는 부처님의 마음과 같은 것이야. 다른 사람의 어려움을 모른 체하지 않았으니까. 물론 이런 마음을 늘 가질 수는 없어.

그래서 내가 '악한 일은 하지 않고 선한 일을 하겠다'는 결심이 있어야 해. 이 결심이 흔들리지 않고 잘 유지되도록 관리하고 이끌어주어야 해. 그러려면 내 마음에 힘이 있어야 하는데, 그걸 길러주는 것이 수행이야. 수행해보면 내 마음이 좋은 방향으로 바뀌어가고 있음을 알게 돼.

24

수행은 어떻게 하는데요?

다 인 그럼 수행은 어떻게 하는 거야?

할머니 수행에는 명상, 참선, 염불 등 여러 가지 방법이 있는데 이치는 같아. 모든 잡념과 괴로움을 떨어버리고, 마음을 평온하게 만드는 것이야.

마음을 편안하게 하는 데에는 순서가 있어. 먼저 호흡부터 조절해야 해. 호흡이 편안해지면 몸이 편안해져. 몸이 편안해지면 마음도 편안해져. 마음이 편안해지면 어지러웠던 잡념, 걱정, 불안함, 두려움, 우울 같은 불편한 마음이 서서히 가라앉고 엄청난 집중력이 생겨. 그래서 breath peace → body peace → mind peace(숨 편안 → 몸 편안 → 맘 편안)라고 할 수 있어.

다 인 명상, 참선, 염불은 구체적으로 어떻게 다른 거야?

할머니 방법상 약간의 차이가 있을 뿐이야. 명상(meditation)은 조용한 장소에서 눈을 감고 마음을 안으로 모으는 정신 집중을 말해. meditation은 라틴어 메디타티오(meditatio)에서 왔는데, 모든 생각과 의식을 안으로 모은다는 뜻이야.

요가도 명상에 해당하는데, 인도에는 고대부터 다양한 요가들이 많았어. 호흡을 바로 하고, 몸을 부드럽게 만드는 동작을 말해. 산란한 마음을 안정시키고, 신과 자신이 하나임을 깨닫게 하는 명상법이었어. 서구에서도 요가 명상이 꽤 유행하더라고.

참선은 초기 불교에서 실행했던 여러 수행법이 중국으로 오면서 6세기부터 시작되었어. 중국의 선법이 한국으로 유입되어 오늘날 다양한 참선이 생긴 것이야. 참선은 각 종파에 따라 간화선, 묵조선, 염불선으로 전개돼.

참선의 첫 단계는 특정 대상에 집중해서 혼란한 마음을 가라앉혀서 고요함을 찾는 것이고, 둘째 단계는 고요한 집중 속에서 빛나는 지혜를 얻는 것이야.

참선을 실행하는 대표적 종단이 조계종인데, 각 사찰에 따라 간화선이나 묵조선을 수행해. 간화선이란 화두를 들어 마음을 집중하는 선법이야. 옛 스승께서 깨달아 전해준 말씀이나 문구에 계속 몰두해서 답을 찾는 거야. 예를 들면 '이 뭐꼬'가 그래.

묵조선은 침묵 속에서 마음을 집중하는 선법으로 마음을 쉬게 하고 고요히 유지하는 수행법이야. 침묵 속에서 묵묵히 좌선하다 보면 신비롭고 묘한 마음의 움직임을 보게 되는 수행법이지.

염불선은 입으로 부처님의 이름을 부르면서 마음을 집중하는 선법이야. 오늘날 천태종과 일부 조계종에서 관세음보살이나 아미타 부처님을 부르는 염불법을 실행하고 있어. 대중이 쉽게 수행할 수 있도록 창안된 것이야.

25

기도하면 정말 소원이 이루어져요?

다 인 할머니, 기도는 왜 해?

할머니 기도란, 자신이 믿는 대상에 의지하여 자신이 원하는 것을 이룰 수 있도록 간절히 바라는 행위이야. 누구나 불행과 괴로움에서 벗어나고 싶어 하잖아? 기도를 통해 어려움을 이겨내는 힘도 얻고, 마음의 안정과 행복도 얻을 수 있지. 그래서 다인이가 원하면 '공부를 잘하게 해주세요'라고 기도해도 돼.

또 기도하면 좋은 효과가 있어. 예전에 잘못했던 것, 실수했던 것들이 기억나면서 많이 부끄러워지고, 반성하게 되더라고. 더욱 겸손해지고, 다시는 그런 실수와 잘못을 저지르지 않겠다고 다짐하게 돼. 기도하면 내가 좀 더 괜찮은 사람으로 발전하고 있다고 느끼니까 뿌듯해져.

다 인 기도하면 정말 소원이 이루어져?

할머니 이루어져. 간절히 기도하면 왜 소원이 이루어질까? 나도 진짜 궁금했거든. 기도하면 소원이 이루어지는 이유는 내가 세상의 주인공이기 때문이야. 세상을 바꾸는 사람은 힘이 센 권력자도 아니고, 그렇다고 우연히 일어나는 것도 아니야. 세상을 바꾸는 사람은 바로 '기도하고 있는 나'야. 김유신처럼.

두 손을 모으고 소원을 마음속으로든 말로 하든 이루어지게 해달라고 간절히 기도하면, 다인이의 마음과 말이 허공으로 퍼져나가. 마음과 말에 에너지가 있기 때문에 파동이 일어나고, 파동으로 파장이 생겨 하늘보다 먼 우주까지 전달돼. 그러니까 우리가 입으로 뱉은 소리나 말을 온 우주가 듣는 거야. 내 마음을 우주가 다 알게 되는 거지.

1927년에 실험을 통해 모든 분자는 파동이 일어나는 성질을 갖고 있음이 증명되었어. 모든 생명체나 무생물까지 파동하는 성질을 갖고 있다고 해. 파동은 물질이

에너지를 퍼뜨리는 방식이야. 한곳에 있던 에너지가 매개체를 통해 공간으로 확산되는데 대표적인 파동이 소리야. 인간은 성대로 공기를 움직여 소리를 내. 그래서 소리를 내면 온 우주가 듣는 거야.

예를 들어볼까? 다인이가 학교에서 걱정거리가 생겨 마음이 불안해지면 집에 있던 엄마가 금방 알아차려. 엄마 마음도 같이 불안해져. 그래서 '다인이에게 무슨 일이 있는 게 아닐까' 걱정하며 엄마가 전화할 거야. 전화를 받은 다인이가 "안 그래도 엄마에게 전화하려고 했어. 나 지금 너무 걱정되는 일이 있어"라고 말하면, 엄마는 "괜찮아, 걱정하지 마. 어디 다친 게 아니라면 다행이야. 마음 편히 먹어"라고 할 수 있지. 그러면 다인이는 마음이 한결 나아지지 않을까?

다 인 크크크크크, 뭐 그런 일로 엄마에게 전화한 적은 없었지만, 사실 굳이 내 기분을 말하지 않아도 엄마가 기가 막히게 알더라고.

할머니 그래, 다 통하지. 그래서 함부로 말하고 행동하고 마음먹으면 안 되는 거야. 이게 무섭게 전달되거든. 내가 어떤 상대에게 미운 마음이 들면 상대도 즉시 알아차리잖아. 어느 누구를 사랑하면 그 사람도 금방 눈치채고 썸을 타는 거지. 오가는 눈빛 속에 사랑의 에너지가 담기니까.

내 마음에 에너지가 있어서 힘이 있는 거야. 그래서 마음으로 간절히 기도하면 이루어지지. 또 하나 중요한 게 있는데, 나의 기도가 타당하면 온 우주가 나서서 나를 도와줘. 다인이에게도 그런 마법과 같은 힘이 있다고 나는 믿어.

다 인 이루고 싶은 게 있으면 이루게 해주는 마법의 힘이 있다고?

할머니 응. 분명히 있어. 아직 꺼내서 사용하지 못했을 뿐이야.

26

스님들은 왜 삭발해요?

다 인 스님들은 왜 삭발해?

할머니 '스님' 하면 삭발한 머리와 회색 승복을 떠올리지? 무명초라고 부르는 머리카락은 번뇌와 망상을 상징하거든. 출가해서 세속의 모든 인연과 잡념을 끊겠다는 굳은 의지로 삭발하는 거야.

그 기원은 고타마 싯다르타였어. 고타마가 출가를 결심한 뒤 자신의 긴 머리칼이 수행자 생활에 어울리지 않는다고 생각하여 허리에 찬 칼을 뽑아 스스로 머리카락을 잘랐어. 그러니 삭발은 석가모니 부처님 당시부터 시작되었어.

예전에는 삭발하는 날짜가 정해져 있었는데, 요즘은 매달 그믐과 보름 전날에 삭발한다고 해. 삭발하는 날을 미리 알려서 스님들이 한자리에 모이면 서로의 머리를 잘라줘. 스님들은 삭발하면서 그간의 수행 일상을 점검하고 반성하고 참회하는 시간을 가져.

그래서 삭발은 단순한 관행이 아니라, 각자의 마음에 있는 잘못된 싹을 잘라내고 깨달음을 향해 다시 한번 마음을 다지기 위한 것이야.

27

스님들은 왜 절에 모여 살아요?

다 인 대부분 스님은 절에 모여 살던데?

할머니 스님들이 모여 사는 절을 승가라고도 해. 승가는 화합된 무리와 집단을 가리키는 말이야.

승가는 원래 인도의 '샹가'에서 온 말인데, '샹가'가 '상가'로 변했고, 다시 오늘날 '승가'로 변한 거야. 고대 인도의 부족 국가 이름 중 가나(gana)와 샹가(sangha)가 있었다고 해. 두 단어가 비슷한 의미였지만, 기원전 6세기에 각 종교 단체들이 생겨날 때 자이나교 교단은 '가나'를 사용했고, 불교 교단은 '샹가'를 사용했지. 이후 샹가가 불교 교단을 나타내면서 출가하여 계율을 받은 수행자들이 모여 살기 시작한 거야.

당시 인도인은 출가 수행자를 사문이라 하였는데, 부지런히 노력하는 사람이라는 뜻이야. 사문은 인도의 바라문교를 비판했던 수행자들이었어. 결혼을 하지 않고 집을 떠나 독신으로 살면서 걸식하며 수행하던 사람들이야. 사문은 일평생 세 가지 옷과 한 개의 밥그릇 외에는 어떤 것도 가질 수 없었지.

이처럼 출가하면 가질 수 있는 것이 한정되고, 엄격한 생활방식과 규율을 따라야 하는데 이를 혼자 지키기가 너무 힘들었어. 내가 무엇을 잘못하고 있는지, 무엇을 고쳐야 하는지 누군가 옆에서 말해주지 않으면 모르고 지나가잖아? 그러면 죄를 짓게 되니까 문제이지.

그래서 부처님 때부터 함께 모여서 거주하게 되었어. 부처님께서 유언을 남기실 때, 제자들에게 "반드시 화합하라"고 당부하신 것도 그 때문이야. 모여 살면 다투기 쉽잖아? 그래도 모여 살아야 하니까 화합하라는 것이었어. 그만큼 승가는 수행자에게 매우 중요한 공간이므로 화합해서 수행을 잘하도록, 서로에게 힘이 되도록 노력하라고 하셨지.

승가 유지를 위해 여러 제도와 행사를 만들었는데 가

장 중요한 것이 안거라는 제도야. 부처님은 당시 가르침을 전하기 위해 이곳저곳을 돌아다니셨고, 바위 밑이나 나무 아래에서 좌선하고 길에서 주무셨는데, 장마 기간에는 어디를 다닐 수 없으니 한곳에 모여 수행했어. 이것이 안거야.

승가에 모여 공동으로 수행하고 생활하는 안거 기간에 서로 잘못한 점을 지적하거나, 반성하고 참회하는 시간을 가졌어. 특히 이 전통이 한국에서는 잘 이어져 왔어. 오늘날 조계종과 천태종을 비롯해 각 종단은 일 년에 두 번, 여름 안거와 겨울 안거를 실시하고 있어.

승가를 이루는 구성원이 있는데, 출가한 남자 수행자를 '비구'라 하고, 출가한 여자 수행자를 '비구니'라고 해. '사미'라 해서 20세 미만의 출가한 남자를 가리키는 말도 있어. 그리고 남자 신도를 '우바새'라고 하고, 여자 신도를 '우바이'라고 부르는데, 한국에서는 여자 신도를 보살님, 남자 신도를 처사님이라고 많이 부르기도 해.

다 인 절에서 행사할 때 보면 스님들이 울긋불긋한 가운 같은 옷을 입던데 그게 뭐야?

할머니 아, 그것을 '가사'라고 해. 종단마다 나라마다 색상이 조금 다르지만, 한국 스님들은 주로 한복 스타일의 회색 법복을 입은 위에 가사를 두르지. 행사나 불공을 드릴 때 사각 모양의 큰 천을 어깨 위에 두르는데, '가사'의 문양은 저마다 달라.

기원은 부처님 당시로 거슬러 올라가. 당시 출가한 수행자들은 남이 버린 누더기 옷이나, 장례를 치른 후 무덤가에 버려진 시체를 싸던 헝겊을 깨끗이 씻은 다음 바늘로 기워 옷을 해 입었다고 해. 지금의 우리로서는 상상할 수 없는 이야기이지만, 당시에는 실제로 그렇게 했어.

'가사' 하나를 놓고 보더라도 옷에 대한 욕심을 완전히 버렸음을 알 수 있어. 오늘날 행사 때 스님들이 입고 나오는 붉은 가사를 보면 여기저기 조각난 헝겊을 모아 붙인 모양새를 하고 있는데, 부처님 당시 누더기 옷을 기워 입었던 전통을 나타내는 거야.

28

절에 가면 왜 절을 해요?

다 인 절에 가면 왜 절을 하는 거야?

할머니 한국은 전통적으로 부모님이나 어른께 큰절을 올리는 것이 예법이었어. 서구인들도 우리가 부모에게 큰절하는 모습을 많이 칭찬하더라고. 반갑다고 부처님과 악수할 수는 없잖아? 몸을 굽혀 상대를 존경하는 마음으로 절을 올리는 것은 동양인의 전통 예절이므로 존경하는 부처님께 절하는 것은 당연하지. 간혹 어떤 사람은 이를 우상숭배라고 몰아붙이는데, 우리의 전통 예절 방식을 무시하는 태도로 보여.

부처님을 상징하고, 부처님을 대신하는 불상 앞에 두

손을 모으고 엎드려 예를 갖추어 절하는 것은 우상숭배가 아니라 '제가 부처님의 가르침에 따라 올바르게 살겠다'는 다짐이야. 절을 통해 자신을 최대한 낮추고 상대를 높이는 거지.

또 절을 하면 건강에도 도움이 많이 된다고 해. 팔, 허리, 다리를 굽혔다 폈다 하는 자세를 반복하면 신체가 자극되어 혈액순환에 도움이 되고, 심지어는 몸 안의 장기들도 마사지되는 효과가 있다고 해. 그뿐만 아니라 머리가 맑아지고, 마음도 차분히 가라앉고, 집중이 잘돼. 처음에는 108배가 무척이나 힘겹게 느껴지지만, 익숙해지면 3천배도 할 수 있을 만큼 건강해져.

29

발우공양이 뭐예요?

다 인 요즘 TV에서 사찰음식이나 발우공양이 자주 나오더라고. 발우공양이 뭐야?

할머니 발우공양은 사찰에서 스님이 규범에 따라 음식을 드시는 전통적 불교 식사법이야. 사찰에서는 식사를 '공양'이라 하고, 부엌을 공양간이라고 해. 공양은 식사에 대한 고마움과 덕을 쌓는다는 의미를 나타내는 말이야. 발우는 스님들의 밥그릇을 가리키는 말이어서 사찰에서의 식사법을 발우공양이라고 해.

지도하는 스님이 죽비를 세 번 치면, 바닥에 각자의 밥그릇을 펼치고, 먹을 만큼만 담아서 먹어야 해. 식사중에는 절대 말해서는 안 되고, 소리 내어 먹어서도 안 되고, 음식을 남겨서도 안 돼.

다 인 헉, 너무 숨 막히는 식사법이네. 어떻게 소리를 내지 않고 먹을 수 있지?

할머니 처음에는 쉽지 않지. 근데 발우공양을 해보면 음식에 감사한 마음을 가지게 되더라고. 식사가 끝나갈 때 죽비를 두 번 치면 숭늉을 돌려. 숭늉 물로 각자 밥그릇을 깨끗이 씻고, 씻은 물을 한 방울도 남기지 말고 다 마셔야 해. 그러고 각자 수건으로 발우를 깨끗이 닦고, 다시 보자기 안에 싸서 그릇장에 넣어서 보관해.

최근에 발우공양이 환경을 오염시키지 않는 친환경 식사법으로 알려져 체험해보려는 사람들이 많더라고. 특히 서구인들이 한국 여행에서 가장 하고 싶은 것이 템플스테이와 발우공양이래. 건강한 채식 위주 식단이고 자신이 먹을 만큼 음식물을 덜고 남김없이 먹기 때문에 쓰레기가 전혀 나오지 않지. 또 따로 설거지할 필요가 없으니 설거지물도 절약하니까 꽤 긍정적으로 보는 것 같아.

30

스님들은 왜 고기를 먹으면 안 돼요?

다 인 할머니! 스님들은 고기 먹으면 안 돼?

할머니 이것이 꽤 논란거리이지. 사실 부처님 당시 고기나 생선을 절대 먹으면 안 된다고 정해놓은 계율이 없었어. 단지 내가 먹기 위해 의도적으로 짐승을 죽이면 안 된다는 것이고, 다른 사람에게 살아 있는 짐승을 죽여달라고 부탁해서도 안 된다는 정도였지. 그래도 채식 위주로 하고, 육식을 삼가는 수행자의 태도에 대해서는 칭찬하셨어.

다 인 그럼 고기를 먹으면 안 된다는 말은 왜 생긴 거야?

할머니 불교에서 육식을 금하는 가장 큰 이유는 동물을 살생하게 되기 때문이야. 불교의 계율 첫 번째가 '살아 있는 생명을 해치지 말라'야. 가장 엄한 계율이기 때문에 육식을 꺼린 게 사실이야.

'열반경'이라는 경전은 "고기를 먹는 것은 나의 부모와 형제를 먹는 것과 같다"고 말할 정도로 엄하게 경계했어. 하지만 당시에도 고기를 아예 안 먹은 것이 아니야. 철저히 고기를 먹지 않은 수행자도 있었고, 상황에 따라 먹는 수행자도 있었어.

부처님께서 채식주의를 강요한 것은 아니지만, 다음 다섯 가지 경우에는 고기를 먹어도 된다고 말씀하셨어. '죽는 것을 직접 본 것이 아닌 고기, 죽는 소리를 듣지 않은 고기, 나를 위해 죽인 것이 아닌 고기, 병들거나 다쳐서 스스로 죽은 고기, 남이 먹다 남은 고기'를 먹는 것은 죄가 되지 않는다고 하셨어. 또한 수행자가 병이 들어 생명이 위독할 때 필요하면 고기를 먹으라고 하셨지.

또한 부처님께서 마을로 탁발을 나가실 때 신도들이 올리는 음식을 가리지 않았어. 고기가 들어 있다고 해서 일부러 골라내지 않으셨어. 부처님께 음식을 올리면 신도가 복을 받는다고 생각하셨기 때문에 정성스럽게 올린 공양을 거절하지 않으셨던 거야.

그리고 육식에 대한 전통이 남방불교권과 북방불교권이 조금 달라. 남방불교인 태국, 스리랑카, 미얀마, 라오스, 베트남에서는 스님들이 탁발할 때 신도들이 올리는 음식 안에 고기가 들어 있어도 전혀 개의치 않고 모두 받아서 드셔.

오전에 딱 한 번 탁발을 나가면, 정오 12시 이후부터는 아무것도 안 드셔. 티베트는 환경상 고기를 먹지 않을 수 없기 때문에 스님들도 당연히 고기를 드셔. 근데 한국이 육식에 대해 유난히 민감한 것 같아.

원칙상 수행자가 채식주의자이어야 한다는 계율이 없기 때문에, 고기를 먹으면 안 된다는 관습에 갇혀 있을 필요는 없다고 봐. 지나친 육식을 자제하는 것은 옳은 방향이지만 나라마다, 전통에 따라 판단할 문제이지. 일방적 잣대로 '먹어도 된다' 혹은 '안 된다'라고 말하면 안 될 것 같아.

문제는 오히려 우리 같은 일반 사람에게 있다고 생각해. 고기에 대한 지나친 식탐이 문제야. 오늘날 고기 섭취를 위해 동물을 가두어 집단 사육해 도살하고 가공하잖아? 엄청나게 많은 동물이 사육되다 보니 그로 인한 토양 오염과 공해가 이루 말할 수가 없어.

과도한 식탐으로 고기에 집착하는 것은 아닌지 돌이켜볼 필요가 있어. 그렇게까지 먹지 않아도 생명에 지장이 없을 것 같은데, 지나치게 고기를 많이 먹으니 고혈압, 고지혈, 비만, 당뇨, 대장암 등 온갖 성인병에 시달리잖아. 요즘은 어릴 때부터 성인병이 나타난다고 하니 과거에는 상상할 수 없던 일이지.

그 병들을 치료하느라 엄청난 비용이 들어가고, 결국 맘대로 먹지도 못하니 삶의 질은 떨어지고, 그야말로 악순환이야. 게다가 모든 방송과 유튜브에서 먹방 콘텐츠를 유행시켜 식탐을 불러일으키고 있어. 그야말로 어떻게 하면 고기를 더 맛있게 먹을까의 전쟁이 벌어진 것 같아. 그래서 육식 문제는 출가한 스님보다 우리 같은 일반 사람에게 더 큰 책임을 묻고 있다고 생각해.

31

스님이 염불할 때 무슨 말을 하는 거예요?

다 인 스님들이 염불하실 때 무슨 말인지 알아듣기 힘들더라고. 어떤 내용인 거야?

할머니 스님들이 독송하는 염불은 신도들이 원하는 소원을 이루어주기 위해 부처님이나 보살님의 이름을 부르거나, 특별한 주문을 담아 운율에 따라 노래하듯이 소리 내어 기원하는 거야.

원효 스님께서도 일반 대중이 쉽게 따라 할 수 있도록 염불을 널리 알렸다고 해. 고려 때 지눌 스님과 같은 선종의 스님들도 염불을 적극 권장했어. 그래서 한국은 참선을 위주로 하는 선종계 스님이라도 금강경을 독송하고, 염불도 하는 등 다양한 수행법을 받아들이고 있지.

염불할 때 부르는 부처님 이름은 주로 석가모니, 아미타불, 관세음보살, 지장보살이 대표적이야. 기원하기 위한 불공을 드리거나, 돌아가신 분을 위한 천도재를 지낼 때 스님들이 독송하는 내용은 대부분 천수경, 반야심경, 금강경 안의 구절들이야. 경전 안에는 한문 말고 고대 인도의 말이 그대로 나오는데, 그것을 '다라니'라고 해. '주문'이라는 뜻이야.

대승불교 후반기에 불교가 힌두교의 영향을 많이 받았다고 했지? 그때를 밀교 시대라 하는데, 힌두교의 영향을 받아 대승경전 안에 주문이 많이 들어갔거든. 들으면 무슨 뜻인지 전혀 모를 거야. 그 주문들은 진리의 말 자체이기 때문에 굳이 한글이나 한문으로 해석하지 않아. 그냥 원어 그대로 독송하는 것이 원칙이야. 예를 들어 "옴 마니 반메훔" "옴 살바못자 모지 사다야 사바하" 같은 것들이야. 모두가 기원을 하기 위해 원어 그대로 염불하는 거야.

32

자비심은 사랑과 같은 거예요?

다 인 불교에서 자비심을 말하는데 흔히 말하는 사랑과 달라?

할머니 이기심이 없는 사랑을 자비심(mercy)이라고 생각하면 돼. 자비심은 중생의 마음을 편안하게 하고 고통을 덜어주려는 마음이야. 자(慈)는 남의 기쁨을 같이 기뻐하는 마음을 뜻해. 비(悲)는 남의 아픔을 같이 아파하는 마음, 남을 불쌍히 여기는 마음을 뜻하지.

그래서 자비는 사랑과 연민의 뜻을 함께 포함해. 자신만을 위하는 이기적인 욕심, 질투심, 분노에서 벗어나 넓은 마음으로 상대를 대하는 마음이야. 다른 사람에게 즐거움을 주려고 노력하고, 그가 겪는 근심, 걱정,

슬픔을 없애주려고 애쓰는 마음이야. 그리고 자비심은 나의 가족이나 친한 사람에게만 베푸는 것이 아니야. 친분이 전혀 없는 남에게도 베푸는 마음이야. 그래서 일반적인 사랑을 넘어서는 마음이라고 생각해.

다 인 모르는 사람에게도 사랑을 베푼다고? 아프리카 어린이를 돕는 유니세프 같은 데에 기부하는 것도 해당이 되나?

할머니 그럼, 당연하지. 본인이 힘닿는 대로 유니세프 같은 데에 기부하는 것도 매우 큰 사랑이지. 기부는 결코 쉬운 일이 아니야. 그런데 돈으로 기부하는 것만이 자비심이 아니야. 자비를 실천하는 방법에는 네 가지가 있어.

첫째, '보시'라 하여 상대에게 대가를 바라지 않고 물건을 주거나, 어떤 진리를 알려주는 것. 둘째, 부드러운 얼굴로 따뜻한 말을 해서 상대의 마음을 훈훈하게 해주는 것. 셋째, 상대에게 이익이 되도록 돕는 것. 넷째, 상대와 같은 마음이 되어 그들의 즐거움과 괴로움을 함께 나누는 것이야. 신라 때 원효 스님이 무애박을 두드리며 어렵게 사는 서민들을 교화하기 위해 거지들과 함께 생활하며 무애가도 부르고 춤을 추었던 것도 자비행을 실천한 것이지.

다 인 하지만 자비를 베풀어야 하는 이유가 뭐야?

할머니 자비는 '너와 내가 둘이 아니다'는 마음에서 출발해. 우리 모두가 연결된 존재이기 때문이야. 다른 사람이 겪는 즐거움과 괴로움이 나와 아무런 관계가 없는 것 같지만 그렇지 않아. 남이 힘들고 불편하면 나도 힘들고 불편해져. 그들의 위험이 내게도 위험이 될지 모르거든. 유마경이라는 경전에 "중생이 아프니, 내가 아프다"라는 대목이 있어. 이처럼 자비심은 중생의 아픔을 애달프게 생각하는 마음이야.

만약 우리가 평화로운 세상을 원한다면 타인의 고통에 공감하고, 위로의 말을 건넬 줄 아는 따뜻한 사람이어야 해. 자비심은 마치 자식을 생각하는 어머니의 마음과 같아. 자비심이 제일 많은 분이 바로 부처님이야.

다 인 난 부처님과 같은 자비심을 가질 자신이 없는데?

할머니 누구든 부처님 마음처럼 살라고 하면 너무도 멀게 느껴지겠지. 그런데 우리가 일상에서 실천할 수 있는 일들이 많아. 아까 말한 네 가지 실천 방법이지. 상대가 필요로 하는 것을 주거나, 올바른 진리를 알려주거나, 미소 띤 얼굴로 따뜻한 말을 건네거나, 상대의 마음에 공감해주는 것 말이야.

오늘날 물질적 풍요는 넘쳐나는데, 타인에 대한 자비

심은 부족한 것 같아. 오직 자기 자식, 가족, 나라만 아끼기 때문이지. 자비심이 부족하니까 세계 평화가 이루어지지 못하는 게 아닐까?

자비심을 잃으면 엄청난 폭력을 일으켜. 도를 넘는 탐욕, 무모한 공격, 어리석은 증오를 일으켜 타인에게 큰 피해를 끼치지. 그래서 자비를 실천하려면 무엇보다 이기적인 마음에서 벗어나 너와 내가 다르지 않다는 마음을 간직해야 해.

자비심과 반대되는 말이 이기심이야. 이기심을 버린다는 것은 자신 안에 있는 지나친 욕심, 증오, 화, 어리석은 생각을 버리는 것이야. 이런 것들이 버려져야 자비심이 나와.

33

'성불하세요'가 무슨 뜻이에요?

다 인 불교 신도들이 "성불하세요" 하면서 인사를 나누며 헤어지던데, 이게 무슨 의미야?

할머니 사찰에서 불공이나 예불을 드리든지, 스님의 설법을 듣고 나서 헤어질 때 두 손 모아 합장하면서 "성불하세요" 라고 하지. '성불(成佛)하세요'는 한마디로 '부처님 되세요'라는 뜻이야. 혹은 '부처님처럼 깨닫기를 바라요', '부처님 마음처럼 살아가세요'라고 이해해도 돼.

석가모니 부처님께서 이 세상에 오신 이유는 어떠한 사람이라도 깨달음을 이루면 부처가 될 수 있음을 보여주기 위해서야. 모두가 부처님 같은 마음을 가지고 있으니 부처가 되는 길로 들어서라는 거지. 내 안에 부처가 될 위대한 능력, 즉 불성이 있음을 깨달으라는 것이야.

다 인 사실 누구에게나 불성이 있다는 게 믿기지 않아.

할머니 그렇지. 우리가 항상 부처님 마음처럼 되는 것은 아니지만, 가끔은 내 마음이 부처님의 마음처럼 엄청 인자하고 따뜻해질 때가 있잖아? 내게도 부처님 같은 마음이 있다는 증거야. 이를 인정하고 받아들이면 돼. 그런 마음을 더 늘리고 키워나가면 되는 거지.

다 인 부처님 같은 마음으로 산다는 것은 나만 손해 보는 것 아니야?

할머니 손해 보는 것이 아니야. 짧게 보면 손해 같지만, 길게 보면 결코 손해가 아님을 알게 돼. 우리는 모두 연결된 존재이니까. 모두가 자신 안에 부처님 같은 마음이 들어 있다는 것을 알고 그런 마음으로 상대를 대하면 이 세상은 더없이 평화로워질 거야. 내가 사는 세상이 평화롭고 안정되어야 내가 안심하고 마음껏 살 수 있잖아? 모두가 부처님 마음으로 산다면 모든 폭력, 싸움, 전쟁이 그치겠지. 이것이 우리가 만들어낼 수 있는 극락이 아닐까? 우리의 극락을 우리가 만드는 거야.

다 인 부처님 마음은 어떤 마음인 거야?

할머니 부처님 마음은 자비심을 말하는 거야. 자비심은 무조건 모든 것을 양보하고 주고 참고 살라는 뜻이 아니야. 자비심은 남을 배려하는 마음이기 때문에 지혜로 잘 판단해서 내게도 남에게도 이익이 되는 방향으로 결정하도록 만들어.

그래서 자비심이 생기면 좋은 일은 함께 노력하고, 나쁜 일은 더 이상 일어나지 않도록 함께 막으려고 해. 우리 서로가 남이 아님을 되새기며 늘 서로를 토닥이고 위로해주는 마음이 자비심이야. 보기에는 남을 위하는 것 같지만 결국 나를 위하는 길이지.

34

청소년을 위한 계율이 있어요?

다 인 할머니! 우리 같은 청소년에게 필요한 불교 계율은 뭐가 있어?

할머니 먼저 계율(戒律)이라는 단어 뜻부터 알아볼까? '계(sila)'는 '나는 이런 일은 하지 않겠다'고 자발적으로 다짐하는 것이고, '율(vinaya)'은 강제로 '이러한 일을 하지 말라'고 정한 것을 말해. 그래서 출가한 스님은 반드시 '율'을 지켜야 하고, 일반 신도는 '계'를 실천해야 해.

부처님께서 대중은 열 가지 계율을 꼭 지키라고 하셨어. 청소년에게 도움이 될 것 같으니 소개할게.

1) 나의 생명을 사랑하듯 다른 사람이나 동물, 나무, 풀 등 살아 있는 모든 생명을 함부로 해치지 말라.

2) 내게 준 것이 아니라면 함부로 남의 것을 훔치지 말라.

3) 친구 관계에서 상대를 잘 배려하고, 사회에서 비난받을 행동을 친구에게 하지 말라.

4) 거짓말을 하지 말고 진실한 말을 하라.

5) 남을 속이거나 아첨하지 말라.

6) 남의 사이를 이간질하지 말라.

7) 어떤 경우라도 절대 욕하지 말라. 내가 뱉은 욕은 다시 내게로 돌아온다.

8) 내 것만 아끼지 말고 남에게도 베풀어라.

9) 남에게 화를 쏟아내거나, 증오의 마음을 품지 말라.

10) 부끄러운 행동으로 인해 후회되지 않도록 지혜를 갖추도록 하라.

다 인 음, 새겨들을 필요가 있네. 우리가 일상생활에서 실천해볼 수 있는 작은 일들은 뭐가 있을까?

할머니 내가 추천하고 싶은 것은 매일 10분씩 복식호흡과 명상을 해보라는 거야. 이것은 어떤 종교를 믿든지 상관없어. 그냥 심호흡하면서 정신을 집중하는 거니까.

어떻게 하는 거냐면 우선 두 손을 모아서 지금 자신이 가장 원하는 소원을 맘속으로든 하든 말로 하든 허공에 대고 얘기해봐. 그런 다음 얼굴과 허리를 바로 세우고 양손은 양 무릎 위에 올려놓고 눈을 감아. 그리고 배로 숨을 들이쉬고 내쉬고를 반복하는 거야. 내가 숨을 쉬는지 안 쉬는지 못 느낄 정도로 호흡이 편안해질 때까지 호흡을 계속 유지해보는 것이 첫 번째 순서야. 호흡을 다스리는 것만으로도 마음이 고요하게 집중될 수 있어.

여기서 한 발 나아가고 싶다면 불교식 염불 방법을 소개할게. 자신이 기대고 싶은 부처님 이름이나 '관세음보살'을 나지막한 목소리로 계속 부르든지, 아니면 천수경이나 반야심경을 독송하든지 맘에 드는 것을 선택해봐. 이 방법들은 정신을 하나로 집중시켜서 마음의 힘을 키워주므로 매우 유용해.

그리고 이 복식호흡과 명상을 하루에 세 번씩 해보는 거야. 아침에 일어나자마자, 공부하기 위해 책을 펼쳤을 때, 자기 직전 잠자리에서 10분씩 해보렴. 분명히 예전과 다른 효과가 나타날 거야. 마음의 안정과 집중력이 생기고, 불안이나 두려움이 사라져.

이외에도 평상시에 다음과 같은 일들을 해봐도 도움이 돼.

⊙ 시간 나는 대로 숲속 걷기야. 새, 물, 나무, 꽃, 푸른 하늘, 촉촉한 땅을 걷다 보면 마음이 매우 차분해지고, 복잡하거나 가로막혔던 생각들이 정리가 잘돼. 과거의 철학자들은 모두 걸으면서 그 많은 철학과 사상들을 만들어낸 거야. 걷는 것도 명상과 같은 효과가 있어.

⊙ 먹고, 자고, 옷 입는 것에 대해 지나친 욕심을 부리지 말기야. 덜 소비하는 것이 자연과 지구를 살리는 길이기도 하지만, 무언가를 갖고 싶은 마음이 생기면 계속 더 좋은 것을 쫓으니까 마음이 자꾸 그쪽으로 쏠려. 그래서 조금 자제하자는 것이지.

⊙ 건강에 안 좋은 것을 너무 많이 먹지 않았으면 해. 많이 먹으면 졸리니까 고기만 먹지 말고, 가급적 채식 위주의 식사를 하도록 하고, 발효음식을 적당히 섭취해서 몸을 건강하게 유지하는 것도 필요해.

⊙ 술, 담배, 마약은 사람의 정신과 몸을 망가뜨려. 시

작하면 끊기가 너무 어려우니 아예 시작조차 하지 말아야 해. 술은 백 가지 실수와 부끄러운 죄를 저지르게 만들어. 술을 많이 마시면 사람이 어리석어지고, 싸움을 일으키며, 돈도 잃고, 건강도 잃지. 담배와 마약은 더 이상 말할 필요가 없어. 절대 해서는 안 된다고 생각해.

⊙ 매일 자기 전에 가족이나 친구, 주변 사람에게 감사한 일들을 마음속으로 떠올려보는 거야. 혹시 오늘 하루 잘못한 일이 있으면 반성하고 마음속으로 용서를 구하면 더 좋아.

⊙ 말을 지나치게 많이 하면 실수가 많아져. 늘 말을 조심할 필요가 있어. 남을 욕하지 말고 되도록 칭찬하면 좋겠어.

⊙ 키우고 싶은 채소, 나무, 꽃 등을 가꾸는 일은 정서와 마음 안정에 매우 좋아. 기회가 되면 집 안에서나 가까운 곳에 심어봐. 꽤 보람 있는 일이야.

글을 마치며

여러분은 모두가 꽃이에요. 라일락, 해바라기, 코스모스, 채송화, 국화 한 송이 한 송이 모두가 저마다의 생김새와 향기를 세상에 내뿜으며 꽃을 피우고 있어요. 그래서 아름답지 않은 꽃이 하나도 없어요.

여러분은 모두가 별이에요. 북극성, 달, 화성, 목성, 토성. 별 하나하나 모두가 저마다 빛을 내뿜으며 우주를 비추고 있어요. 그래서 빛나지 않은 별이 하나도 없어요.

꽃은 비바람도 맞고 뜨거운 태양도 견디어야 하고 눈바람에 꽁꽁 얼기도 하지만, 봄이 되면 다시 살아나지요. 안타깝지만 비바람이나 눈을 피할 수 없어요. 힘들어도 견디고 나면 한 뼘 더 성장할 수 있거든요. 꽃들이 그런 것처럼 여러분도 때로 거센 비바람을 만나고 살얼음 벌판에 던져질 텐데, 그러더라도 시간이 지나면 훌쩍 커 있음을 본인이 먼저 알아봐요.

별은 우주 속에서 온갖 중력을 견디어내야 해요. 행성끼리 견제도 해야 하고요. 두 발에 힘주고 딱 버티지 않으면 균형이 무너져 부서질 수도 있어요. 잠시라도 한눈팔면 그대로 우주의 먼지로 사라질 수 있어요. 하지만 두 발에 힘주고 자기 자리를 지켜내면 친구 별들과 함께 우주를 밝혀주지요.

꽃처럼 아름답고, 별처럼 빛나는 여러분은 이 세상에 둘도 없는 귀한 존재예요. 자신이 얼마나 귀하고 소중한 존재인지를 알려주신 부처님의 말씀을 기억하고, 자신을 시시하게 생각하지 않기를 바라요.

부처님의 진심은, 귀한 여러분이 더 아름다운 꽃이 될 수 있고, 더 빛나는 별이 될 수 있다는 것이에요. 절대 이것을 잊지 않으면 좋겠어요.

끝까지 읽어주셔서 감사합니다.

2025년 5월

다인이 할머니가

참고문헌

- 계환, 『중국불교사』, 우리출판사, 2000.
- 김성철, 『100문100답』, 불광출판사, 2009.
- 김영태, 『한국불교사』, 경서원, 1997.
- 윤종갑, 『불교철학 입문』 , 경서원, 1997.
- 이철언, 『대승불교의 가르침』, 문중, 2010.
- 이철언, 『붓다의 근본 가르침』, 문중, 2010.
- 적경, 『어린이 불교성전』, 단이슬, 1994.
- 최봉수, 『불교란 무엇인가』, 불교원전번역연구소, 1997.
- 히라가와, 『대승불교 개설』, 김영사, 1999.
- 히라가와, 『인도불교의 역사』, 민족사, 1991.